日本軍「慰安婦」問題
すべての疑問に答えます。

アクティブ・ミュージアム「女たちの戦争と平和資料館」(wam) 編著

合同出版

はじめに

　この本は、2007年にアクティブ・ミュージアム「女たちの戦争と平和資料館」(wam)で開催した「中学生のための『慰安婦』展に際して制作したカタログに、新たな情報を加え編集したものです。

　wamがこの特別展を企画したのは、誰にでもわかるように日本軍「慰安婦（いあんふ）」制度のしくみや被害の実態を伝えたい、とりわけ中学の歴史教科書から「慰安婦」の記述がなくなるなかで、次の世代にこの事実を伝えたいと思ったからでした。

　しかし、展示パネルを制作中の2007年3月には、当時の安倍晋三首相が「慰安婦」問題をめぐり「狭義の強制性はなかった」と発言し、国際問題にもなりました。最近では2013年5月に、橋下徹大阪市長が「『慰安婦』は必要だった」と発言するなど、「慰安婦」制度の実態を理解していないのは、実は大人も同じであるということがわかってきました。

　「慰安婦」制度を発案し、慰安所の設置を計画し、徴集する女性の数を決めて業者を選択し、女性を輸送し、管理・統制したのが日本軍であることは、すでに文書や証言によって証明されています。日本人である私たちは、この加害の歴史を認めなくてはなりません。そして「二度と戦争を起こさない」「少女や女性たちを性奴隷にするような反人道的な行為は決して繰り返さない」という強い意志で、この「慰安婦」制度の事実を伝え続けなくてはなりません。

　この本を手に取った一人ひとりに納得してもらえるように、軍の資料、被害を受けた女性たちの証言、加害に加担した元日本兵の証言を厳選して選び、解説をつけています。とりわけ、「慰安婦」にされた女性たちのページでは、その生い立ちや子ども時代、日本軍慰安所でのむごたらしい被害、戦後の厳しい貧困や差別、そして勇気をふるって沈黙をやぶったきっかけと被害回復までの歩みをまとめました。性暴力の被害者というだけでなく、勇気をもって真実を明らかにした1人の女性と出会ってほしいとの思いからです。

　このような重い歴史を1冊にまとめることは至難の業でしたが、この本が「慰安婦」問題の基礎を学び、さらに深く考えるためのきっかけになることを心から願っています。

2013年10月
アクティブ・ミュージアム「女たちの戦争と平和資料館」(wam)

「強制連行」金順徳 / 1995年
提供：ナヌムの家

「奪われた純潔」姜徳景 / 1995年
提供：ナヌムの家

目　次

はじめに ……………………………………………………… 2

第1章　日本軍「慰安婦」制度の仕組みと実態 …… 4

日本軍「慰安婦」制度とは ………………………………… 5
慰安所は、誰が、どのような目的で作ったのですか？ … 6
「慰安婦」は、誰が、どのようにして集めたのですか？ … 7
日本軍慰安所マップ ………………………………………… 8
誰が、どのように管理・運営したのですか？ ………… 10
残された慰安所制度の足跡 ……………………………… 11
陸海軍の慰安所規定 ……………………………………… 12
戦後、「慰安婦」制度は裁かれたのですか？ ………… 14
証言（元日本軍兵士）
　　鈴木良雄 ……………………………………………… 16
　　金子安次 ……………………………………………… 17
　　岩村正八 ……………………………………………… 18
　　近藤　一 ……………………………………………… 19

第2章　「慰安婦」制度の被害と実態 ………… 20

どのような女性たちが、どこへ連れていかれたのですか？ … 21
証言（「慰安婦」被害者）
　　朴永心（朝鮮民主主義人民共和国） ………………… 22
　　トマサ・サリノグ（フィリピン） …………………… 23
　　盧満妹（台湾） ………………………………………… 24
　　マルディエム（インドネシア） ……………………… 25
　　城田すず子（日本） …………………………………… 26
　　　遺品が語る　城田すず子さん ……………………… 27
　　ジャン・ラフ＝オハーン（オランダ） ……………… 28
慰安所での生活はどのようなものでしたか？ ………… 29
証言（「慰安婦」被害者）
　　万愛花（中国） ………………………………………… 30
　　ロザリン・ソウ（マレーシア） ……………………… 31
戦後、「慰安婦」はどうなったのですか？ …………… 32
証言（「慰安婦」被害者）
　　金学順（韓国） ………………………………………… 33
　　宋神道（在日〈韓国〉） ……………………………… 34
　　イネス・デ・ジェスス（東ティモール） ………… 35

第3章　日本政府の対応と各国・国際機関の反応 … 36

被害者を置き去りにした日本政府 ……………………… 37
日本で行われた日本軍性暴力被害者裁判 ……………… 38
政治家によって繰り返される「慰安婦」否定発言 …… 40
アメリカの新聞に掲載された「慰安婦」を否定する意見広告 … 42
〈各国の対応〉
　　韓国 …………………………………………………… 44
　　朝鮮民主主義人民共和国 …………………………… 46
　　中国 …………………………………………………… 47
　　フィリピン …………………………………………… 48
　　台湾 …………………………………………………… 49
　　インドネシア ………………………………………… 50
　　オランダ ……………………………………………… 51
　　マレーシア／東ティモール ………………………… 52
日本政府に対する国連の人権機関の勧告 ……………… 53
年表　「慰安婦」問題をめぐる世界の動き …………… 56

第4章　女性国際戦犯法廷とNHK ……………… 58

女性国際戦犯法廷が開かれた …………………………… 59
女性国際戦犯法廷がもたらしたもの …………………… 60
NHK番組改変事件が明らかにしたこと ……………… 61

第5章　教科書問題と「慰安婦」記述 ………… 62

教科書問題って何ですか？ ……………………………… 63
年表　教科書攻撃と「慰安婦」記述の変遷 …………… 64
教科書から消されていく「慰安婦」記述 ……………… 66

関連書籍・ビデオ・DVD ………………………………… 67

第1章　日本軍「慰安婦」制度の仕組みと実態

　「慰安婦」の徴集や移送、慰安所での管理など、「総じて本人の意思に反して行われた」と強制性を認めた「河野談話」が発表されたのは1993年。しかし、いまだに「強制連行はなかった」「慰安婦を連れ歩いたのは業者だ」といった声が後を絶ちません。こうした主張が繰り返されるのは、日本軍「慰安婦」制度の基本的な知識が共有されていないからでしょう。

　日本軍はなぜ、日本軍将兵のための慰安所を作ったのか？
　日本軍は、「慰安婦」にする女性たちを、どのように集めたのか？
　慰安所での管理や運営は、誰が、どのように行ったのか？
　戦後、「慰安婦」制度はどのように裁かれたのか？

　これまで日本政府が調査し発表した370点を越える軍関係の資料や、研究者や市民によって発見された資料や写真、被害女性たちへの聞き取りと民事裁判での証言、元日本兵の手記や証言など、これまでに積み上げられてきた調査・研究を手がかりに、日本軍「慰安婦」制度の仕組みと実態を明らかにします。

1938年に南京に開設された慰安所に群がる日本兵
上海派遣軍司令部編纂『日支事変　上海派遣軍司令部記念寫眞帖』
(1938年)より洞富雄氏が発見

日本軍「慰安婦」制度とは

戦時中に、日本軍はアジア各地に慰安所を設置

1931年の満州事変に始まり、1937年からの日中全面戦争、1941年からのアジア太平洋戦争を経て1945年の敗戦まで、足かけ15年にわたる戦争（15年戦争）で、日本軍は占領した中国をはじめアジア太平洋の各地に、日本軍専用の慰安所を作りました。日本軍「慰安婦」とは、これらの慰安所で日本軍将兵との性行為を強制された女性たちのことをいいます。

1932年にはじめて慰安所を開設

1932年の第一次上海事変の時に、上海で日本軍兵士による強かん事件が多発しました。そこで陸軍は日本兵の「性問題解決のため」に慰安所を作りました。上海派遣軍の参謀副長と高級参謀が慰安所の設置を指示、慰安所に入れる「慰安婦」は長崎県知事に要請しました。これが公文書に記録として残る最初の慰安所です。

海軍は陸軍よりも早く上海に慰安所を作っていて、陸軍はそれに倣いました。陸軍と海軍が同じ慰安所を利用することはありませんでした。

日中全面戦争で慰安所は拡大

1937年に日中全面戦争が始まると、中国大陸に派遣された日本兵は80万人に膨れ上がり、各地の部隊に慰安所が作られていきます。南京の場合、慰安所を作るように指示したのは中支那方面軍で、その下にある上海派遣軍の参謀2課（補給などの後方担当）が案を作りました。北支那方面軍は、岡部直三郎北支那方面軍参謀長が指示を出しています。

太平洋戦争で慰安所はアジア各地に

1941年12月に、日本はアメリカ・イギリス・オランダなどに対して戦争を起こし、東南アジア・太平洋に広大な地域を占領していきます。それにつれて1942年はじめから日本軍は南方各地に慰安所を作っていきました。

日本軍は駐屯するすべての地域に慰安所を作り、朝鮮半島や日本、台湾から女性たちを送り出しました。しかし、それが間に合わなくなると、地元の女性たちを「慰安婦」にしていったのです。

「昭和七年十二月末調 邦人ノ諸営業」（在上海総領事館／1932年）
1932年にはすでに海軍の慰安所が17ヵ所あった

「軍人軍隊ノ対住民行為ニ関スル注意ノ件通牒」（1938.6.27）
北支那方面軍参謀長岡部直三郎の通牒。日本軍による強かんが多発しているので慰安所の設置は「緊要」と促している

Q 慰安所は、誰が、どのような目的で作ったのですか？

> 慰安所を作ったのは売春業者でしょ？

> 「慰安婦」は、金もうけのために行ったんじゃないの？

> 業者が「慰安婦」を連れ歩いたんでしょ？

強かん対策

慰安所を考えて作ったのは日本軍です。その第一の理由は、占領地で日本兵による強かん事件がたくさん起こったからです。1937年、日本軍は上海での激しい戦闘の後、南京に向かう侵攻の過程で、また南京大虐殺の前後に、虐殺・略奪・放火・強かんを繰り返しました。さらに、中国北部でも強かんなどが多発したため、日本軍は中国の住民の反日感情が激しくなったことにあわてて、治安回復のために慰安所の設置を指示。こうして慰安所は各地に作られていきました。

性病予防

日本軍が慰安所を作った第二の理由は、日本兵が性病に感染するのを防ぐためです。1918年のシベリア出兵の時に、現地の「売春宿」を利用した兵士に性病が広がり戦力が低下しました。その教訓もあり、日本軍は日本兵の性病を予防するため、性病検診を徹底してできる、軍が管理する慰安所を作ることにしました。慰安所では軍医による「慰安婦」の性病検診を定期的に行い、コンドームや性病感染防止のぬり薬「星秘膏」の使用を徹底しました（11ページ参照）。

列を作って順番を待つ日本兵（出典:『新版 私の従軍中国戦線』村瀬守保/日本機関紙出版センター）

「慰安婦」か、「従軍慰安婦」か

メディアなどでは「従軍慰安婦」という言葉が広く使われていますが、本書では日本軍「慰安婦」または「慰安婦」と言っています。一方、政治家や閣僚の中には「慰安婦はいたが、従軍慰安婦はいなかった」などと言う人がいます。どちらも「従軍」（軍に従って戦地に行くこと）をつけませんが、その理由はまったく異なります。

政治家たちは、慰安所は業者が勝手に作ったもので、「慰安婦」は「公娼」だから軍とは関係がなく、日本軍の被害者ではないと考えています。しかし本書では、奴隷状態におかれた日本軍の性暴力被害者の実態を明確にするために、「自らすすんで軍に従った」という意味にもとれる「従軍慰安婦」は使いません。またこれは、戦後になって使われ始めた「造語」だということもあります。

さらに、「慰安」が「労をねぎらって楽しませる」という意味で、女性たちの被害状況とはかけ離れており、そう呼ばれるのを拒否する女性もいるため、国際社会ではより正確に実態を示す「日本軍性奴隷」がよく用いられます。これには同意しつつ本書では、「慰安婦」が当時の日本軍の文書にも使われていることから、「歴史用語」として、カッコをつけて「慰安婦」と表記しています。

ストレス解消

第三の理由は、日本兵の戦意を高めるためです。日本軍の戦争は大義名分のない侵略戦争であり、いつ終わるかわからない無謀な戦争でした。休暇制度もなく長期間、戦地に釘付けにされた日本兵たちの精神は、次第にすさんでいきました。「どうせ死ぬんだ」という自暴自棄の思いは、地元女性への強かんにもつながりました。

そうした精神状態から上官への反抗などが起こり、軍の規律が乱れることを心配した軍は、ストレスのはけ口として慰安所を考えたのです。

機密保持

第四の理由は、軍の機密を守るためです。民間の売春宿では、地元の売春婦を通して軍の情報がもれる恐れがありました。そのため、軍には自らが管理・監督して目が行き届く軍管理の慰安所が必要でした。「慰安婦」が監禁されたり行動が制限されていたのは、「慰安婦」が逃げ出さないようにするためだけでなく、情報がもれないためでもありました。

Q 「慰安婦」は、誰が、どのようにして集めたのですか？

> 業者って誰なの？
> 「慰安婦」を強制連行したのは業者じゃないの？
> 軍はいい関与をしたんでしょ？

第1章　日本軍「慰安婦」制度の仕組みと実態

植民地朝鮮・台湾の場合

朝鮮

朝鮮では、「お金が稼げる仕事がある」「工場で働く」「看護婦の仕事がある」などの言葉で騙されて慰安所に送りこまれたケースが多くありました。連行に業者が関わった事例が多々ありますが、業者は軍から選定された人たちです。なかには姜徳景さんのように、女子勤労挺身隊として働かされていた富山県の軍需工場不二越から逃げ出したところを憲兵に捕まり、力づくで慰安所に連行された女性もいます。1941年の関東軍特種演習に際して、関東軍司令部参謀第3課の原善四郎が「必要慰安婦の数は2万人」とはじき出し、朝鮮総督府総務局に「慰安婦」の徴集を依頼しました。朝鮮での徴集には、朝鮮総督府も関与しました。

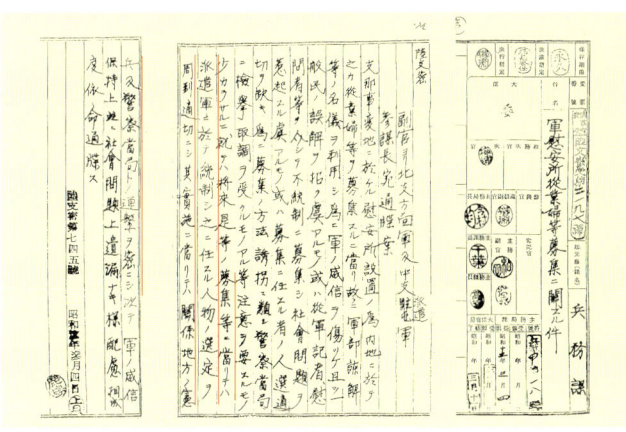

「副官ヨリ北支方面軍及中支派遣軍参謀長宛通牒案」(1938.3.4)「慰安婦」の募集は派遣軍が統制し、軍が業者を選定し、関係地方の憲兵・警察と連携して集めるよう指示

台湾

台湾でも、「給仕の仕事」「看護婦の助手」「いい仕事がある」などの言葉で騙されたり、巡査に「部隊で働け」と言われて慰安所に連れていかれた女性がたくさんいます。

1942年、南方総軍は、ボルネオに台湾人の「慰安婦」50名を送るよう台湾軍に要請しました。台湾から「慰安婦」を南方に送り出す場合、南方総軍が「慰安婦」の手配や配置に関わりました。台湾軍の憲兵隊が業者を選定し、業者と「慰安婦」の渡航を台湾軍が取りしきり、陸軍省が許可を与えていました。

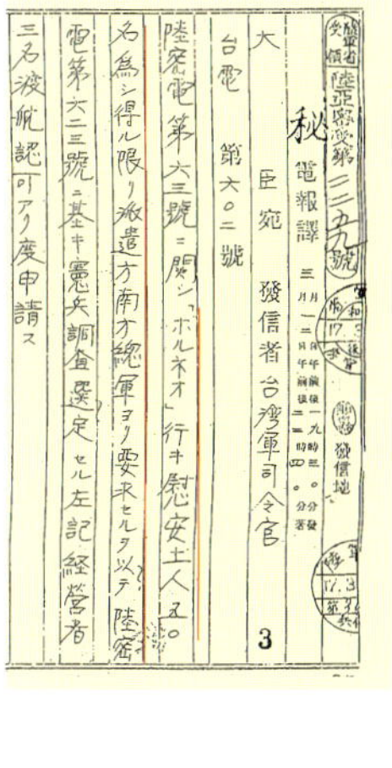

「台電第602号」(1942.3.12) ボルネオに台湾人の「慰安婦」50名を連れていく慰安所経営者3名(憲兵が選定)の渡航許可を陸軍大臣に申請

占領地の場合

中国やフィリピンなど、日本軍が「抗日的」と見なした地域では、軍人が無理やり連行したケースがほとんどです。軍政下では、騙して連行したケースもありました。なかには中国や東ティモールなどで見られたように、日本軍が村長など地元の有力者に命じて女性を集めさせたケースもあります。

一方、インドネシアでは日本軍が民間抑留所に入れていたオランダ人女性の中から若くてきれいな女性を選び、「言う通りにしなければ家族に危害を加える」と脅して慰安所に連行しました。

左:フィリピンのマリア・ロサ・ルナ・ヘンソンさんは、1943年、検問所を通ろうとした時に呼びとめられ、駐屯地に連行された　撮影:李文子(イ・ムンジャ)
右:「慰安婦」にさせられたスハナさんが入れられた慰安所の建物(インドネシア・バンドン)
撮影:渡辺美奈

日本国内の場合

日本軍は、日本国内からも日本人や在日朝鮮人の女性を集めました。日本は婦人や児童の売買を禁止する国際条約に加入していたため、国内からの徴集は「21歳以上の売春女性」でなければなりませんでした。しかし、実際には21歳以下の女性を騙して連れていったケースもあり、必ずしも守られたわけではありません。沖縄の場合、日本軍は現地に慰安所を作るよう県当局に申し入れました。泉守紀知事や具志堅宗精那覇警察署長は拒否しましたが、軍令に逆らうことはできませんでした。沖縄では最大の遊廓であった辻遊廓から500名が駆り出されたといいます。中には慰安所にいくのを拒否した女性もいますが、軍は那覇警察に「廃業まかりならぬ」と厳命しました。

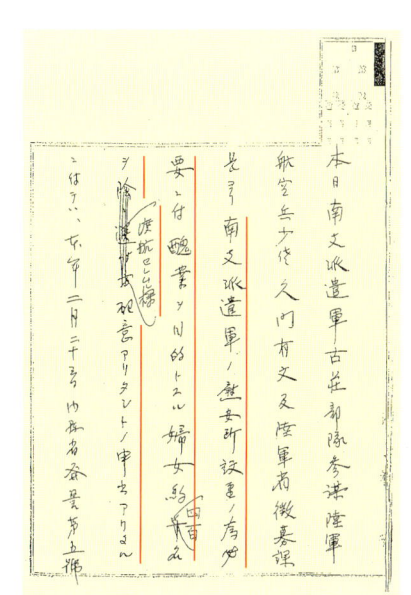

「支那渡航婦女ニ関スル件伺」(1938.11.4) 南支派遣軍の慰安所を作るため、陸軍省と内務省警保局が協議し、「慰安婦」400名を国内から集め、渡航させるよう内務省警保局が府県知事に指示

日本軍慰安所マップ

中国山西省・盂県に侵攻した日本軍の拠点だった進圭社のヤオトン（横穴式住居）は、抗日派が監禁・拷問される場所だった。女性たちには「強かん所」となった。1942〜44年、万愛花さん、郭喜翠さん、周喜香さんたちはここで長期間、監禁・輪かんされた　提供：信川美津子

ほぼ当時のままの状態で残っている芳津の慰安所「銀月楼」は、現在病院になっている。入口右側に受付が、その反対側壁面には女性たちの写真が貼ってあった
提供：金栄（キム・ヨン）

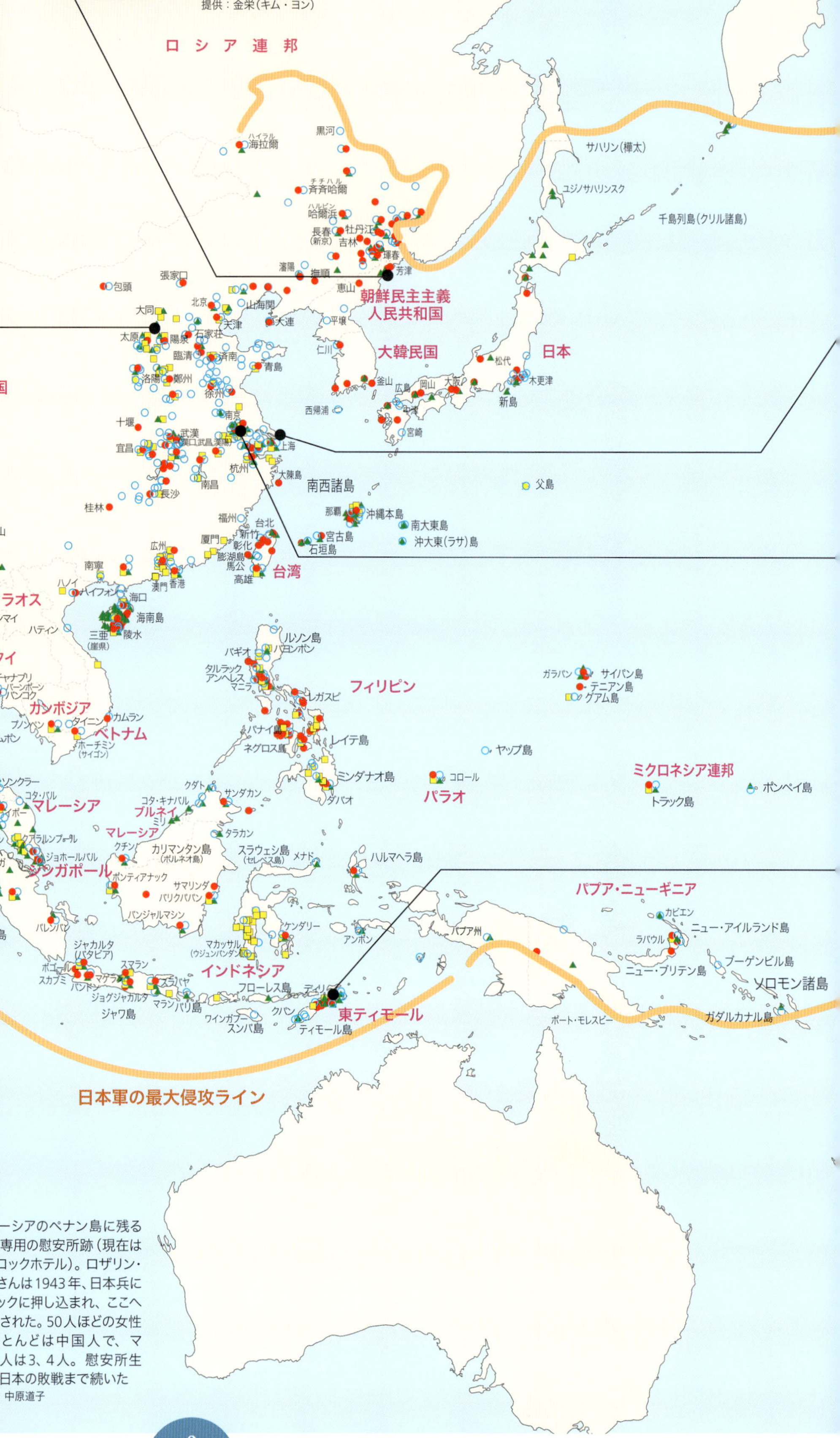

マレーシアのペナン島に残る陸軍専用の慰安所跡（現在はトンロックホテル）。ロザリン・ソウさんは1943年、日本兵にトラックに押し込まれ、ここへ連行された。50人ほどの女性のほとんどは中国人で、マレー人は3、4人。慰安所生活は日本の敗戦まで続いた
提供：中原道子

日本軍の最大侵攻ライン

第1章 日本軍「慰安婦」制度の仕組みと実態

上海軍工路近くに作られた楊家宅慰安所
出典：『上海より上海へ』(麻生徹男／石風社)

上海の江湾鎮北四川路にあった民営の慰安所。入口に立つのは軍医・衛生兵・看護婦。性病検診を行った時のものと思われる
出典：『上海より上海へ』(麻生徹男／石風社)

中国・南京市内で慰安所に使われていた「キンスイ楼」（中央の大きな屋根の建物）。朴永心さんは1939年、朝鮮半島からここに連れてこられた。朝鮮人女性20数名が入れられていたという。室内の写真は、朴さんがいた2階の19号室。

提供：西野瑠美子　　提供：朱弘（チュー・ホン）

マーシャル諸島

東ティモールのマロボの慰安所跡。温泉が湧き出るマロボは日本兵の保養地だった。当時少女だったマルタ・アブ・ベレさんは、4人の女性たちと同じ部屋に入れられ、昼は土木作業、夜は日本兵の相手をさせられた　提供：古沢希代子

　日本軍は、1931年の満州事変に始まり、1937年からの日中戦争、1941年からのアジア太平洋戦争下、1945年8月の敗戦まで、侵略・占領したアジア各地、また、植民地だった朝鮮や台湾、そして日本国内に、日本軍将兵のための慰安所を作り、アジア各地の女性たちを性奴隷にし、強かんを繰り返しました。

　日本軍の性奴隷にされたのは、朝鮮・台湾・日本の女性をはじめ、中国・フィリピン・インドネシア・オランダ・東ティモール・マレーシア・タイ・グアム・ビルマ・ベトナムなど、日本軍が駐屯したアジア各地の女性たちです。

　このマップは、被害女性や元日本兵・軍関係者・地元の人々などの証言や公文書、軍関係資料、部隊誌、戦記、書籍や裁判資料などの刊行物等々をもとに、日本軍が設置した慰安所（部隊が前線で独自に女性を拉致・監禁・強かんしたケースも含む）があった場所を示しています。

＊国名・地名・国境線は2008年現在のものである
＊地名の変更があった場合は、当時の地名をカッコ内に表記した

©アクティブ・ミュージアム「女たちの戦争と平和資料館」(wam)
助成　東北亜歴史財団

● 赤　被害証言
○ 青　兵士の証言
□ 黄　公文書・軍関係資料
▲ 緑　目撃証言・その他

Q 誰が、どのように管理・運営したのですか？

- 軍が関与していなかったって本当？
- 慰安所を経営していたのは民間の業者でしょ？
- 売春業者が勝手にやっていたのではないの？

慰安所には3つのタイプ

　慰安所には、大きく分けて三つの形がありました。一つは軍直営の慰安所、二つめは軍が慰安所経営を民間に委託した日本軍専用の慰安所、三つめは一定期間、軍が民間の売春宿などを日本軍人用に指定した慰安所です。いずれの場合も、軍が慰安所経営の統制・監督をしていました。

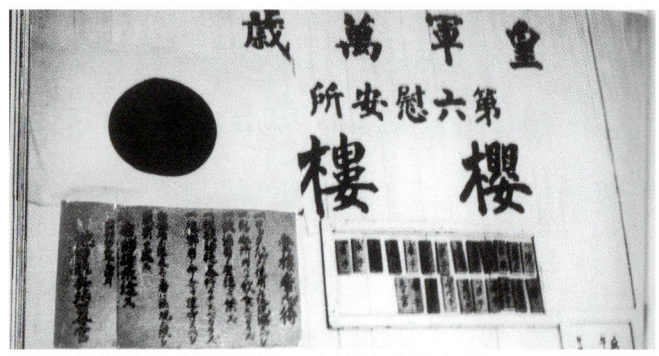

第六慰安所「櫻樓」には、「皇軍萬歳」の文字と日の丸がかかげられている。右には「慰安婦」の名前が書かれた木札、左には「登樓者心得」が、兵站司令官の名前で貼り出された
(出典：『新版 私の従軍中国戦線』村瀬守保／日本機関紙出版センター)

「軍人倶楽部利用規定」(中山警備隊／1944.5)。慰安所経営者や「慰安婦」、施設などに関して「不当なこと」を見聞したら「部隊副官に通報する」とある

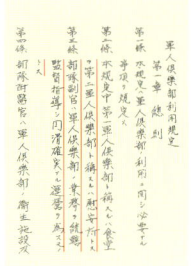

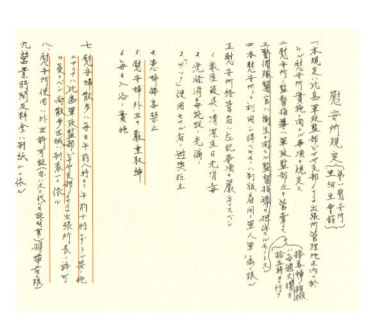

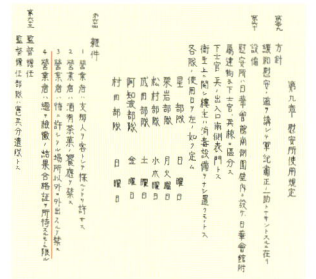

「常州駐屯間内務規定」(独立攻城重砲兵第二大隊／1938.3)。性病検診の結果、感染していない「慰安婦」に合格証を所持することを義務づけていた

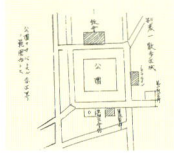

「慰安所(亜細亜会館、第一慰安所)規定送付ノ件」(比軍政監部ビザヤ支部イロイロ出張所／1942.11.22)。「慰安婦」の外出禁止だけでなく、散歩のコースまで定めていた

左：「海乃家」の入り口に掲げられた看板(出典：『従軍慰安所(海乃家)の伝言』日本機関紙出版センター)
右：「海乃家」の「慰安婦」たち。前列真ん中にいるのが経営者
(出典：『従軍慰安所(海乃家)の伝言』日本機関紙出版センター)

1　軍が直営した慰安所

　軍が直営した慰安所では、それぞれの部隊で料金や利用時間、「慰安婦」の性病検診、コンドームの使用、注意事項などを定めた慰安所の利用規定を作っていました。
　中国・広東の中山警備隊(第23軍独立歩兵第13旅団)は「慰安所利用規定」で、部隊副官が慰安所の業務を統括・監督・指導し、部隊付きの医官が性病検診など衛生に関する業務を担当し、部隊付きの主計官が慰安所関係の経理を担当すると定めていました。
　また、中国・常州の部隊(独立攻城重砲兵第2大隊)やフィリピン軍政を担当していたフィリピン軍政監部などは、「慰安婦」の外出を禁止しています。このように、慰安所の運営や「慰安婦」の管理は、軍が行っていました。

2　業者に経営を委託した慰安所

　業者が管理・経営していた慰安所は、「民営」の形をとっていても軍の統制・監督の下にありました。慰安所規定を作っていたのは海軍も同じです。第12特別根拠地隊司令部の「海軍慰安所利用内規」では、慰安所業者への毎月の支払いも規定していました。上海の東公平里(現公平路)にあった「海乃家」は、海軍が業者に経営を委託した慰安所です。経営者のS氏が海軍と契約した内容は、①毎月海軍に家賃5円を支払う、②海軍特別陸戦隊の専属の慰安所として経営する、③必要な物資は海軍が提供する、④慰安所所有権は海軍にあり、経営権はS氏に委任する、というもので、経営者には海軍から指定慰安所の「証明書」のようなものが渡されました。

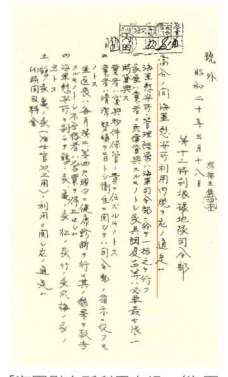

「海軍慰安所利用内規」(海軍第十二特別根拠地隊司令部)。利用は海軍下士官・兵と定めている

3　日本軍の指定慰安所

　民間の売春宿を日本軍が日本兵専用に指定した慰安所は、戦争の初期の頃に多く見られます。中国・上海の「大一沙龍」は民間人が利用していた売春宿でしたが、1932年に海軍が軍専用に指定しました。
　上海事変が起こると経営者は中国人から日本人夫婦に変わり、第二次上海事変の時に海軍の慰安所になりました。ここで雑役の仕事をしていた陸明昌さんは「ここには日本人と朝鮮人の女がいて、みな、日本の着物を着ていた」と証言しています。

残された慰安所制度の足跡

提供　①中原道子　②③檜山紀雄

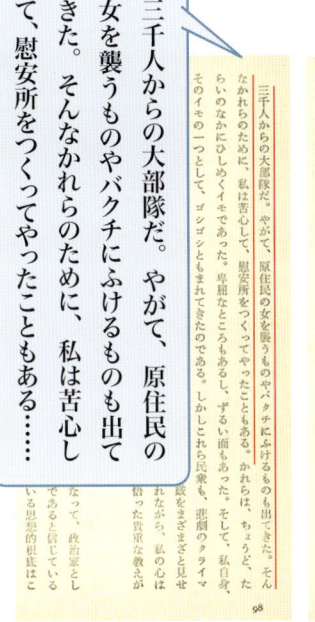

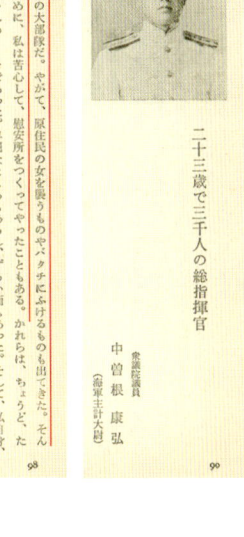

軍票

軍用手票の略称。日本帝国政府が発行し、軍隊が戦地で軍用に限って使った紙幣。慰安所によっては「慰安所規定」が貼り出され、利用料金が定められているところもあり、兵士たちは軍票を使用していた。日本軍の敗戦と同時に軍票は紙くずとなった。

軍票は円・銭だけでなく、フィリピンではペソ、インドネシアではグルデン・ルピア、マレーやシンガポールではドル・セント、ビルマではルピー・セント、オセアニアではポンド・シリングなど、占領地の現地通貨と同じ貨幣単位が使われた。

写真はマレーシアで使われた10ドルの軍票や、中国で使われた拾圓の軍票など。

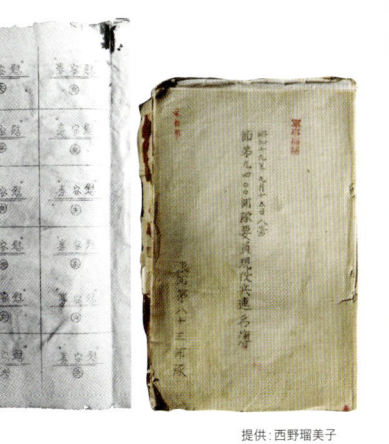

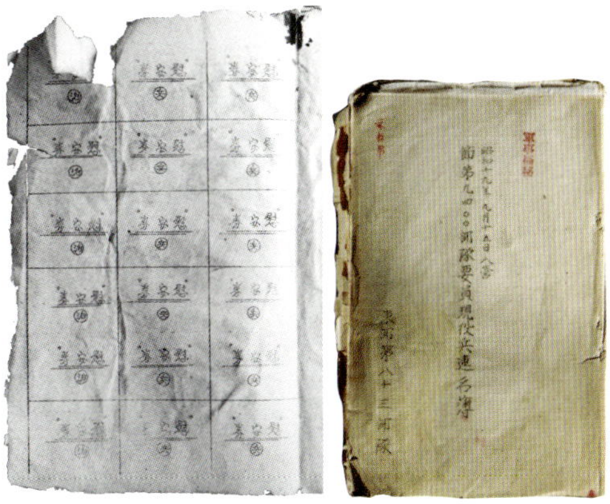

> 三千人からの大部隊だ。やがて、原住民の女を襲うものやバクチにふけるものも出てきた。そんなかれらのために、私は苦心して、慰安所をつくってやったこともある……

中曽根元総理大臣の手記

海軍の主計大尉だった中曽根康弘元内閣総理大臣は、戦後に出版された『終わりなき海軍』(文化放送開発センター出版部)の中で、自ら慰安所を作ったと記している。

二十三歳で三千人の総指揮官
衆議院議員　中曽根康弘（海軍主計大尉）

提供：西野瑠美子

慰安券

1944年（昭和19）9月15日入営の軍事機密「節第9400部隊要員現役兵連名簿」（右側）に綴じ込まれていたガリ版刷りの「慰安券」。慰安所を利用する将兵に配られ、これを持って慰安所に行ったのだろう。「泊」は泊まりが許された将校専用、「兵」は兵隊用、「下」は下士官用だったと思われる。

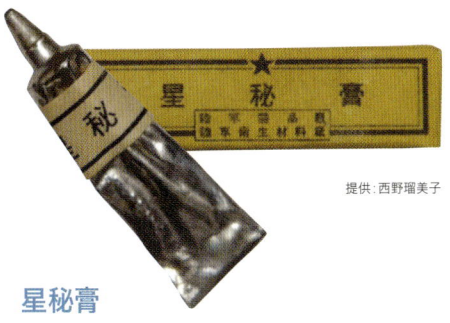

提供：木村公一

インドネシアのジャワ島で「慰安婦」の性病検診に使われた器具

日本軍は、日本兵の性病（淋病・梅毒など）の感染を防ぐため、「慰安婦」の性病検診を定期的に行っていた。ほとんどの慰安所で、月に1回程度の検診が軍医らによって行われ、感染がわかると「慰安婦」たちは副作用の強いサルバルサン注射（606号）を打たれた。写真のアヒルのくちばしのような器具はクスコー膣鏡といい、膣に挿入して分泌物などを調べた。敗戦直後、日本軍の衛生兵がインドネシアの兵補（日本軍が組織した住民兵）に譲り渡したため、残されていた。

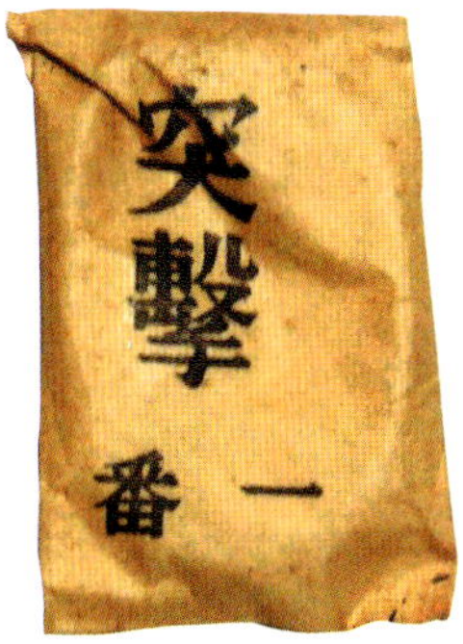

提供：西野瑠美子

突撃一番

陸軍が使っていた衛生サック（コンドーム）。日本軍は、日本兵が性病に感染しないよう、日曜日などの外出時には必ず「突撃一番」を渡し、慰安所での使用を厳命していた。衛生サックの生産の指導を担当したのは主計経理で、経理学校で「慰安所施設設置要綱」について教えていたという。

提供：西野瑠美子

星秘膏

「突撃一番」とともに日本兵に渡された性病予防薬。北支那方面軍軍医部が出した「幹部ニ対スル衛生教育順序」には、次のように記されている。

星秘膏ヲ使用セヨ　性交前少量ヲ陰茎ニ塗リ次テ「サック」ヲ被セ　更ニ「サック」ノ表面ニ少量ヲ塗リ　残余ヲ性交後尿道内ニ注入セヨ

陸海軍の慰安所規定

> 慰安所経営者には毎日の営業状態を軍政監部に報告することを義務づけた（五の8）

慰安所（亜細亜会館・第一慰安所）規定送付ノ件（1942年11月22日）
フィリピン軍政監部ビサヤ支部イロイロ出張所がイロイロ憲兵分隊に送付した慰安所利用規定

慰安所規定（第一慰安所 亜細亜会館）

一、本規定ハ比島軍政監部ビサヤ支部イロイロ出張所管理地区内ニ於ケル慰安所ノ実施ニ関スル事項ヲ規定ス

二、慰安所ノ監督指導ハ軍政監部之ニ当ル

三、警備隊軍医官ハ衛生ニ関スル監督指導ヲ担当スルモノトス

四、本慰安所ノ利用ニ得ベキモノハ判任官以上ノ軍人軍属ニ限ル

五、慰安所経営者ハ左記事項ヲ厳守スベシ
　1、家屋寝具、清潔ヲ尽シ消毒ヲ完備
　2、「サック」使用セザル者ノ遊興拒止
　3、洗滌消毒施設ヲ完備
　4、悪性接客禁止
　5、慰安婦外出ヲ厳重取締リ
　6、毎日入浴ノ実施
　7、規定以外ノ遊興拒止
　8、営業者ハ毎日営業状態ヲ軍政監部ニ報告スルコト

六、慰安所ヲ利用セントスル者ハ左記事項ヲ厳守スベシ
　イ、防諜ノ純一厳守
　ロ、慰安婦ニ対シ暴行脅迫行為ナキ事
　ハ、料金ハ軍票トシ前払トス
　二、「サック」ヲ使用セザル者ノ入場ヲ禁ス
　ホ、比島軍政監部ビサヤ支部イロイロ出張所長ノ許可ヲ受ケタル以外ノ者ノ出入所ヲ厳ニ禁ズ

七、慰安婦散歩ハ毎日午前八時ヨリ午前十時マデトシ其ノ他ニアリテハ比島軍政監部ビサヤ支部イロイロ出張所長ノ許可ニ依ル

八、慰安所使用ハ外出許可証（示スベキ証明書）携帯者ニ限ル

九、営業時間及料金ハ別紙ニ依ル

> 「慰安婦」の外出を厳重に取り締まり（五の5）、散歩する場合も区域と時間を厳しく定めていた（七と別表一）

別表一　散歩区域
別表二　営業時間及料金表

区分	営業時間 遊興時間	料金 第一慰安所亜細亜会館	備考
将校	一時間	三．〇〇 六．〇〇	
見習士官	三〇分	一．五〇 二．五〇	
軍属	三〇分	一．〇〇	
下士官	五六〇 九．〇〇	三．〇〇	
兵	百九．〇〇		

軍人倶楽部利用規定（1944年5月　中山警備隊／在広東）
中山警備隊が設置した慰安所（「第二軍人倶楽部」）の利用規定

> 第三章で慰安所の利用時間や料金などを詳細に定め、利用を軍人・軍属に限るとした

第一條　第二軍人倶楽部ノ営業時間ハ一二〇〇ヨリ二四〇〇迄トス

第二條　第二軍人倶楽部ニ於ケル飲食モノ等ヲ許サス

第三條　料金ハ現金先払トス

第四條　妓女ハ出花ノ原則トシテ之ヲ許サス

第五條　妓女ハ第二軍人倶楽部ノ利用ヲ禁ス

第六條　第二軍人倶楽部ノ利用ハ軍人軍属ニ限ル但シ軍医ノ同伴セル場合ニ限リ同伴者ノ服装ヲ整へタル者ハ此ノ限リニアラス

第七條　所定ノ服装以外ノ利用ヲ禁ス
　イ、酒氣ヲ帯ビタル者
　ロ、他ニ迷惑ヲ及ボスベキ者

第八條　第二軍人倶楽部ノ利用ハ軍人軍属ニ限ル但シ地方人ハ難シテ之ヲ許可ス

第九條　利用者ハ営業主、妓婦施設其ノ他軍属ノ勧告ニ関シテハ不審デアツテモ見聞ヲ前隊副官二通報スルヲ要ス

第十條　利用者本規定ヲ遵守セザル者ハ通二利用ヲ禁止セラル共ニ爾後外出ヲ禁ス

第四章　雑件

第二軍人倶楽部利用時間表

階級 料金	玉代
将校	三〇分在切一時間在切後半夜仕切飯女娼女婦通夜
准士官	飯女娼女婦
下士官	二〇〇 一六〇 三〇〇 二〇〇
兵	九〇

備考　本料金ハ備等神トス

第1章 日本軍「慰安婦」制度の仕組みと実態

海軍慰安所利用内規
（1945年3月18日 第十二特別根拠地隊司令部）

號外
昭和二十年三月十八日
第十二特別根拠地隊司令部

海軍慰安所利用内規ヲ左ノ通定ム

一、海軍慰安所ノ管理経営ハ海軍司令部ニ於テ一括シ之ヲ行フ
二、家屋、器具、備品等ハ無償貸與スルモノトシ其ノ修理及備品等ノ補充ハ司令部ニ於テ行フ
三、業者ハ営業ニ関シ司令部ノ指示ニ従フモノトス
　　業者ハ清潔整頓ヲ旨トシ衛生ニ関シテハ司令部ノ指示ニ従フモノトス
四、海軍慰安所ニ於ケル物件ノ保管ニ任ズルモノトス
五、軍医長ハ毎月第二、第四火曜日ニ健康診断ヲ行ヒ其ノ結果ヲ報告スルモノトシ不合格者ハ営業ヲ停止セシムルモノトス

> **海軍慰安所の管理・経営は、海軍司令部が一括して行う（一）**

> **性病検査を毎月第二、第四火曜日に行うことや、その結果を司令部に報告することも義務づけていた（三）**

> **慰安所経営者への支払いは、毎月軍が行っていた（九の二）**

六、慰安所ニ於ケル飲食ハ禁止ス
　　其ノ他
　　(イ) 利用者ノ範囲
　　(ロ) 時間 下士官兵
　　(ハ) 時間及料金
七、竹、梅、松ノ家ニ於ケル飲食ハ禁止ス
　　其ノ他
　　(イ) 利用者ノ範囲
　　(ロ) 時間
　　(ハ) 時間及料金
八、梅、竹、松ノ家（遊興部隊員用）ノ利用ニ関シテハ左ノ通定ム
　　(イ) 時間及料金
　　(ロ) 其ノ他
九、(イ) 利用者ハ本券購入（料金ヲ前項ニ依ル）ノ上慰安所ニ於テ相手業者ニ手交ス
　　(ロ) 司令部ニ於テハ慰安所使用券ヲ発行シ之ヲ各隊（艇部所）ニ配付ス
　　(ハ) 標準ニ依ル配付
　　(ニ) 各隊（艇部所）長ハ料金ヲ取纒メ別紙様式調書ニ依リ其ニ関シ毎月二十五日迄ニ司令部ニ差出スモノトス
　　　司令部ニ於テハ現金ヲ受領シ支掃ハ一切業ハ毎月二十五日定休日トス
十、不都合ニ依リ営業停止又ハ該利用者ノ出京都合ニ依リ選択シタル幹ヲ以テ命ズルコトアリ

（別紙）

> **部隊副官が慰安所に関わる業務を統括し、慰安所の監督指導・運営を担う（第三条）**

> **部隊付きの主計官が慰安所の経理を担当（第五条）した**

昭和十九年五月

軍人倶樂部利用規定

中山警備隊

軍人倶樂部利用規定

第一章 總則
第一條 本規定ハ軍人倶樂部ノ利用ニ関シ必要ナル事項ヲ規定ス
第二條 本規定中第二軍人倶樂部ト称スルハ食堂ヲ、第二軍人倶樂部ト称スルハ慰安所トス
第三條 部隊副官ハ軍人倶樂部ノ業務ヲ統括シ監督指導ニ當リ軍人倶樂部ノ運營ヲ圓滑確實ナラシム
第四條 部隊附醫官ハ軍人倶樂部ノ衛生施設、實施状況並ニ家族稼業婦使用人、保健調理獻立等ノ業務ニ關ス
第五條 部隊附主計ハ軍人倶樂部ノ經理ニ關スル業務ヲ擔任ス
第六條 第二軍人倶樂部ノ利用ハ五分並ニ料金ハ別紙（イ）ニ依ル
第七條 第二軍人倶樂部ニ於ケル飲食物ハ酒保品ニ限ル
　　　　飲ミ、第一軍人倶樂部ノ利用ヲ禁ス
　　　　ノ他 軍人倶樂部ニ於テ飲食物ヲ携行セントスル者
第八條 第一軍人倶樂部ニ於テ調理セシメント欲スル者ハ酒保ヨリ食品及服装ヲ準シ主トシテ軍人倶樂部ニ於テ調理セシムヘシ
第九條 第一軍人倶樂部ニ於ケル宴會又ハ會食ヲ行ハントスルトキハ前日迄ニ副官ヘ通報シ營業主ニ交渉スルモノトス

Q 戦後、「慰安婦」制度は裁かれたのですか？

> 「慰安婦」制度が戦争犯罪として裁かれたって本当？
> 裁かれた証拠はあるの？
> 誰がどのように裁いたの？

東京裁判に証拠として提出

1946年5月3日、極東国際軍事裁判（東京裁判）が開廷しました。東条英機や梅津美治郎、板垣征四郎ら28人の被告は、「平和に対する罪」（A級戦争犯罪）、と「通例の戦争犯罪」（B級戦争犯罪）で裁かれました。

東京裁判で判決を聞く被告たち（1948.11.12）
出典：『戦争裁判処刑者一千 戦記シリーズ23』新人物往来社

東京裁判には、日本軍が「慰安婦」を強制したことを示す証拠書類が各国の検察団から提出されました。そこには、日本軍による強制徴集や強制収容、「慰安婦」の強要などの実態が記されています。日本軍「慰安婦」制度そのものは訴因とされていないことや、日本の植民地だった朝鮮半島や台湾から慰安所に送り込まれた多くの女性たちの被害が取り上げられていないなど、きちんと裁かれたとはいえません。しかし、各国の検察官たちは「慰安婦」を強制したことが戦争犯罪であると認識していたことがわかります。

オランダの検察団が出した証拠

オランダの検察団は、インドネシアのマゲラン（ジャワ島）、モア島、ポンティアナック（ボルネオ島）、ポルトガル領ティモールの証拠を提出しました。

オランダ人女性を「慰安婦」にしたマゲランの慰安所以外は、地元の女性たちが「慰安婦」にされました。ティモールでは、地域の有力者に命じて女性を提供させたことが記されています。

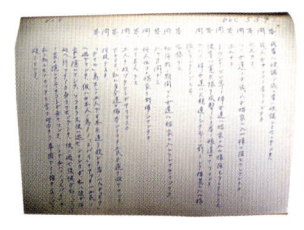

オハラ・セイダイ陸軍中尉の宣誓陳述書（1946.1.13）（PD5591/EX1794）オハラ・セイダイ中尉は、インドネシア・モア島の女性6人を「brothel」（慰安所）に連行し「慰安婦」を強いたと陳述（右ページ参照）
提供：林博史

その他の国々の検察団が出した証拠

フランスの検察団は、ベトナム人女性をランソンの慰安所に強制的に連行し、「慰安婦」にした証拠を提出しました。ベトナム人女性の口述書には「フランス兵といっしょに生活していた私の同国人数人に、先安に設けた慰安所（brothel）へ行くよう強制した」とあります。

中国の検察団は、桂林で女工の名目で女性を集め、強制的に「慰安婦」にしたことを示す証拠を提出しました。東京裁判の判決では、その事実が認定されています（『極東国際軍事裁判速記録』判決速記録p.186）。

フィリピンの検察団は、セブ島ホゴで女性を強かんした後、3週間にわたって「情婦」となるよう強制した事例や、マニラ戦で起こったベイビュー・ホテル事件のような大規模な集団強かん事件も取り上げました。

複数のBC級戦犯裁判で裁かれる

戦後、連合軍8カ国（アメリカ・イギリス・オーストラリア・フィリピン・フランス・オランダ・中国・ソ連）は、各地で日本軍関係の「通例の戦争犯罪」などを裁くBC級戦犯裁判を開きました。オランダやアメリカ、中国のBC級戦犯裁判では、「強制売春」「強制売春のための婦女誘拐」の容疑で「慰安婦」を強制した事件をいくつか裁きました。

オランダの戦犯裁判

オランダが裁いた裁判には、バタビア裁判、ポンティアナック裁判、バリクパパン裁判などがあります。バタビア裁判の一つは、1944年にジャワ島のスマランに抑留されていたオランダ人女性ら約35人を強制的に「慰安婦」にしたスマラン事件です。ここは約2カ月後に上級司令部の命令で閉鎖されましたが、慰安所を開いた責任者の岡田少佐には死刑が、6人の将校と4人の慰安所業者には2年から20年の禁固刑が言い渡されました。

国立国会図書館が公表した新編「靖国神社問題資料集」（2007年3月28日公表）で、「強制売春」の罪で懲役10年の刑が言い渡され、受刑中に病死した「櫻倶楽部」の経営者の青地が靖国神社に合祀されていることが判明（朝日新聞2007.3.30）

もう一つは、「あけぼの食堂」の日本人経営者・青地鷲雄がバタビア（現在のジャカルタ）の軍政機関から慰安所を作るように指示され、1943年に日本の民間人用に開いた「櫻倶楽部」事件です。オランダ人女性など20人が「慰安婦」にされ、中には12歳や14歳の少女もいました。「憲兵隊を呼ぶぞ」と脅迫されて「慰安婦」にさせられた女性もいます。

グアムの戦犯裁判

アメリカが裁いたのは、グアムの女性を「慰安婦」にして日本軍のための慰安所を作った事件です。1941年12月に日本軍はグアムを占領しましたが、3カ月後の1942年2月、グアムの日本人商人が、地元の何人もの女性に「慰安婦」になることを強制。そのうち2人の女性のケースが起訴され、この日本人には「強制売春」の罪などで15年の強制労働の判決が言い渡されました。

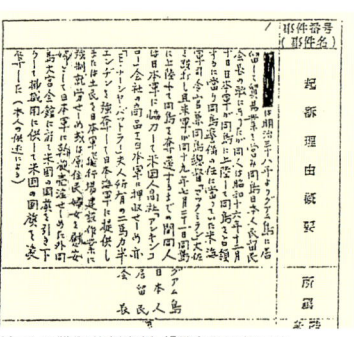

グアムの戦犯裁判資料（『戦争犯罪概見表』法務省大臣官房司法法政調査部/1973年）。起訴理由に「日本軍に斡旋売淫せしめた」とある　提供：洪祥進（ホン・サンジン）

第1章 日本軍「慰安婦」制度の仕組みと実態

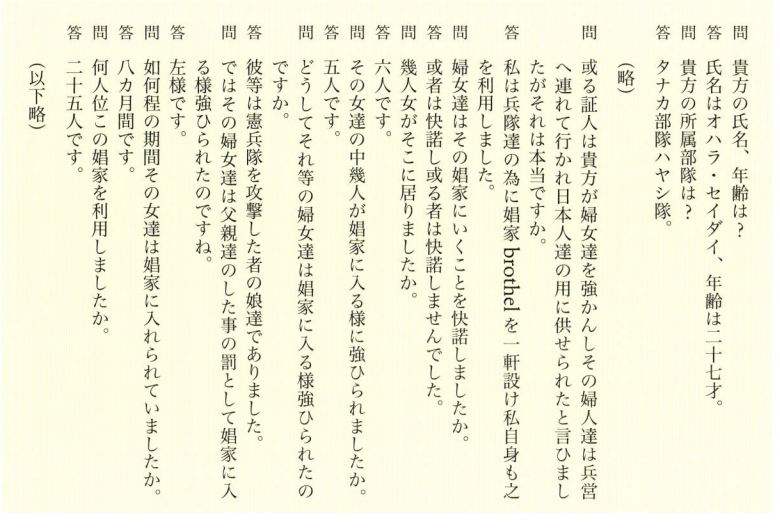

オハラ・セイダイ陸軍中尉の宣誓陳述書(1946.1.13)（PD5591/EX1794）

オランダ検察団により提出されたインドネシア・モア島におけるオハラ・セイダイの陳述書。日本軍は村に討伐に行った際、村民を虐殺して若い女性を連行し、「慰安婦」を強制したとある。

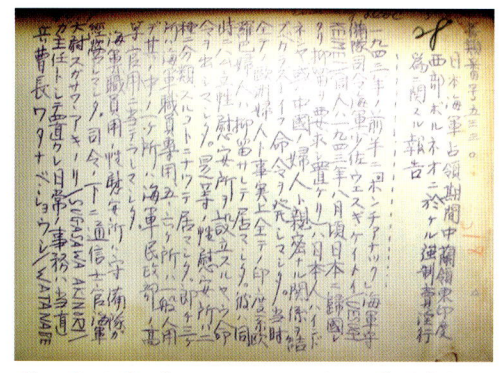

問　貴方の氏名、年齢は？
答　氏名はオハラ・セイダイ、年齢は二七才。
問　貴方の所属部隊は？
答　タナカ部隊ハヤシ隊。
問（略）
答　或る証人は貴方が婦女達を強かんしその婦人達は兵営へ連れて行かれ日本人達の用に供せられたと言いましたがそれは本当ですか。
答　私は兵隊達の為に娼家を一軒設け私自身も之を利用しました。
問　婦女達はその娼家にいくことを快諾しましたか。
答　或る者は快諾し或る者は快諾しませんでした。
問　幾人女がそこに居りましたか。
答　六人です。
問　その女達の中幾人かが娼家に入る様に強ひられたのですか。
答　五人です。
問　どうしてそれ等の婦女達は娼家に入る様強ひられたのですね。
答　彼等は憲兵隊を攻撃した者の娘達でありました。ではその婦女達は父親達のした事の罰として娼家に入る様強ひられたのですね。
答　左様です。
問　如何程の期間その女達は娼家に入れられていましたか。
答　八ヵ月間です。
問　何人位この娼家を利用しましたか。
答　二十五人です。
（以下略）

ボルネオ島ポンティアナックの「慰安婦」強制に関する報告書(1946.7.5)（PD5330/EX1702）

オランダ検察団により提出された「日本海軍占領期間中蘭領東印度（インド）西部ボルネオに於ける強制売淫行為に関する報告」。1943年前半、日本海軍のウエスギ・ケイメイ少佐は海軍職員専用と一般人用（1ヵ所は海軍民政部高等官用）の慰安所設置を命令した。報告書には、街で女性を捕らえて慰安所に連行したが、女性たちは家族が危害を受けることを恐れて逃げ出すことができなかったことも記されている。

提供：林博史

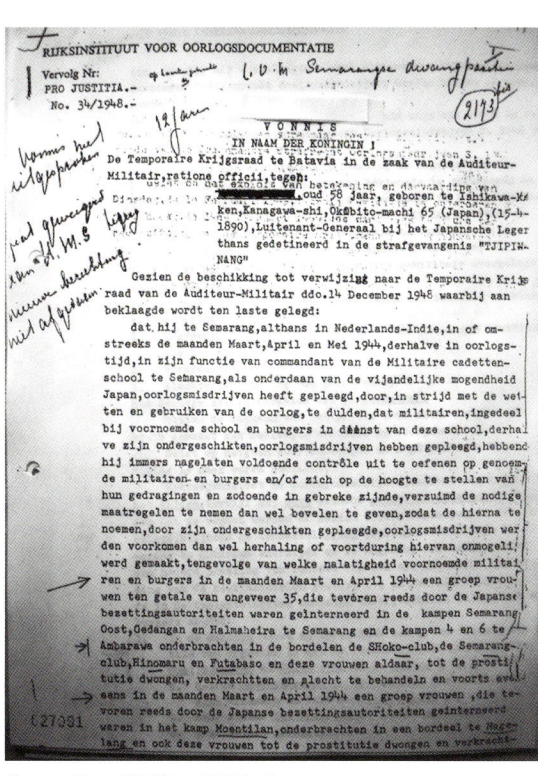

「スマラン事件」判決文

日本軍がインドネシアのスマランに開設し、抑留所からオランダ人女性を連れ出して「慰安婦」にしたケースは「スマラン事件」と呼ばれ、戦後、オランダ軍によるバタビア臨時軍法会議で裁かれた。

写真は判決文原文の写し（1948年2月18日付）。右上に「スマラン強制売春」と手書きの分類がある。被告は能崎清次陸軍中将で、禁固12年の判決が言い渡された（オランダ戦争資料館蔵）　提供：梶村太一郎

「櫻倶楽部」の経営者・青地鷲雄が営業していた「あけぼの食堂」

「櫻倶楽部」を経営していた青地鷲雄は、日本軍の占領後、間もなくバタビアで「あけぼの食堂」を開業。その後、日本軍政監部から一般日本人用の慰安所開設を指示され、「櫻倶楽部」を営業した。ここに入れられたオランダ人女性たちは、甘言や脅迫により集められ、「売春」を強制された。中には14歳の少女もいた。青地はバタビア臨時軍法会議で禁固10年の判決が下された。

写真はオランダ・NRCハンデルスブラット紙（1992.8.8）に掲載された「あけぼの食堂」の記念写真。左の看板に「軍指定市営簡易食堂」とある　提供：梶村太一郎

元日本軍兵士
鈴木良雄（Suzuki Yoshio）
1920年　埼玉県生まれ

軍隊生活が長引き、どうせ生きては帰れないのだ、やりたいことをやって死のう……
そんな気持ちになりました。

提供：VAWW RAC

軍歴

1940年	独立混成第一〇旅団独立歩兵第四三大隊第二中隊へ入隊し、中国山東省へ駐屯
1942年～	第五九師団歩兵第五四旅団独立歩兵第一一〇大隊歩兵砲中隊に転属となり、山東省莱蕪県、章邱県、禹城県を転戦する
1945年 7月	北朝鮮に移動・敗戦
10月	シベリア抑留
1950年 7月	中国・撫順戦犯管理所に収容
1956年 7月	不起訴で帰国

恋人との別れ

私は村の中でも品行方正な「模範青年」でした。小学校の成績は一番で、青年団ではリーダーをつとめ、青年学校には5年通って軍隊教育を受けました。入隊した頃は精米所で働いていましたが、婚約者がいたので離ればなれになるのがつらくてたまりませんでした。

出征した頃の鈴木良雄さん。除隊したときの階級は曹長　提供：鈴木良雄

禹城の慰安所へ

私が配属された部隊は、八路軍の根拠地がある激戦区でたびたび討伐に出ていました。ほとんどの兵隊が慰安所へ通っていましたが、私は恋人と頻繁に手紙をやりとりし、彼女のことを思うと「慰安所へは絶対いくまい」と思っていました。

しかし1944年、「どうせ死ぬのなら、人並みに女遊びもして死のう」という気持ちから、慰安所へいくようになりました。「ミサオ」という朝鮮人「慰安婦」がいる慰安所に、毎晩脱柵して密かに通いました。彼女は看護婦募集と騙されて慰安所に入れられた、と泣きながら話していました。

中帰連のメンバーとして、各地の集会で証言を行ってきた。今では若い世代が、「撫順の奇跡を受け継ぐ会」の活動をはじめている
撮影：熊谷伸一郎

強かん

強かんは禁じられていましたが、敵性地区の掃討作戦にはつきものでした。性欲を満たすだけでなく、有無を言わさず犯して制圧感を満たすのが強かんです。

私は一度だけ強かんをしたことがありました。1944年の暮れ、小休止をした村で、分隊長だった私は部下たちを「好きなことをせよ」と解放し、自分も単独で女を探し回りました。30歳ぐらいの女性を見つけたところ、彼女は豚小屋に隠れて体中に汚物をなすりつけていました。私はそれにかえって情欲をそそられ、納屋で衣服を全部脱がせて強かんしたのです。

戦争の実態をありのままに伝えたい

私が戦地で犯した犯罪行為を告白し反省するようになったのは、中国の戦犯管理所が私を人間として尊重し、人道的に扱ってくれたからです。強かんなど誰も知らないことなので隠すこともできたのですが、良心の呵責に耐えられず、すべてを告白しました。

20歳で出征し、不起訴になって舞鶴へ帰った時は36歳になっていました。でも恋人は私を16年も待っていてくれました！帰国後すぐに結婚しました。時間はかかりましたが、妻にも戦場であったことのすべてを話しました。「隠しておいて欲しかった」と言われましたが私を理解し、今も支えてくれます。

帰国後私たちは「中国帰還者連絡会」（中帰連）を作り、証言や反戦・平和の活動をしてきました。事実をありのままに伝えることは、あの戦争が何だったのかを伝える上で極めて重要です。二度とあのような過ちを繰り返してはならないのです。

撫順戦犯管理所。1950年、ソ連から969名の日本人戦犯が中国に引き渡され、ここで6年間の学習と認罪運動が行われた　提供：『季刊 中帰連』発行所

元日本軍兵士
金子安次 (Kaneko Yasuji)
1920年　千葉県生まれ

> 私たちは中国人蔑視を
> 徹底的に叩き込まれていたので、
> 強かんや殺戮の何が悪い……と思っていました。

提供：VAWW RAC

軍 歴

1940年11月	北支那方面軍独立混成第一〇旅団独立歩兵第四四大隊第一中隊に入隊
1941年 4月	中国山東省莱蕪県へ進駐
1942年 6月	第五九師団歩兵第五三旅団独立歩兵第四四大隊重機関銃中隊に編入　山東省東昌、臨清県に進駐
1945年10月	北朝鮮に移動後、シベリア抑留
1950年 7月	中国の撫順戦犯管理所に収容
1956年 7月	不起訴で帰国

母を思う

徴兵で入隊するまでは、東京下町の鉄屋で丁稚奉公をしていました。入隊が決まってから、1回だけ吉原の遊廓へ行きました。出征の2日前に「必ず上等兵になってみせる」とお袋に言ったら、「バカ野郎、階級などどうでもいいから生きて戻って来い」と言われました。こんな非常時にとんでもないことを言う親だ、と思いましたが、戦場で思い浮かべたのは母の姿だけでした。

巡回「慰安婦」の警備

昭和17年、部隊が東昌から陽穀県へ移動になった時、私はいっしょに連れていく3人の巡回「慰安婦」の警備を命じられました。彼女たちは朝鮮女性で、警備のことで言い合いになった時、「好き好んでこんな所に来ているのではない」と言っていました。

はじめて慰安所に行ったのは翌年、臨清県にいた時です。3軒あった慰安所のうち「つばめ楼」に行ったところ、日本人の女がいたので私は「大和撫子が何でこんな所にいるんだ」と激怒しました。彼女から「夫は上海事変で戦死し、2人の子どもと母親を抱えて生きているんです」と言われ、その時は何もしないで帰るしかありませんでした。

臨清県の慰安所「つばめ楼」前で。前列右が金子安次さん
提供：金子安次

強かんは日常茶飯事

強かんは3年兵以上になると当たり前にやっていました。掃討作戦では中隊長らの目的は敵の武器を奪うこと、兵隊の目的は女でした。「いつ死んでもおかしくないのだから、生きているうちにいい思いをしよう」と思っていました。一等兵の給料は8円80銭。慰安所では1円50銭払うが、強かんならタダでできるという考えもありました。

軍隊での楽しみはセックスと甘味だけです。私も昭和18年、ある村で21～22歳の女性を6人の兵隊でくじ引きで順番を決めて輪かんしたことがありました。強かんは陸軍刑法で禁じられていましたが、部下の強かんは上官の指導が悪かったせいにされるので、見逃していたのです。

加害体験を語り継ぐ

敗戦後、私は中国の撫順戦犯管理所に入れられて、自分が犯した罪を認め、心から反省する機会を与えられました。供述書が書けるまでに3年、書き終えるのに6年かかりました。帰国後は「中国で洗脳された戦犯」と偏見を持たれて、いやな思いや苦労もしましたが、私たちを人間として扱ってくれた中国への感謝の気持ちは今も変わりません。

妻には結婚後しばらくしてから自分の体験を話しました。衝撃を受けたようでしたが、私に何も言わずに中国へカンパをしたり、せめてもの罪滅ぼしに中国の留学生を引き受けると、その世話を熱心にやってくれるので、私は頭があがりません。戦犯管理所にいた者たちと「中国帰還者連絡会」を作って加害を伝える証言活動を続けてきたのは、私なりの供養です。生きている限り、私は証言を続けていく決意でおります。（2010年11月死去）

証言する金子安次さん。娘たちだけには、まだ自分の体験を語れないと言う
撮影：熊谷伸一郎

中国帰還者連絡会の機関誌

第1章　日本軍「慰安婦」制度の仕組みと実態

元日本軍兵士

岩村正八 (Iwamura Shohachi)

1919年　熊本県生まれ

バギアで慰安所建設をした警備隊長の戦中と戦後。

撮影：文珠幹夫

バギアの慰安所跡　撮影：古沢希代子

軍　歴

1940年 12月	台湾歩兵第二連隊第一中隊に入隊
1941年	台湾で初年兵教育を受け、10月、久留米の予備士官学校へ
1942年 4月	台湾、シンガポールで待機の後、インドネシアへ上陸
1942年 12月	ポルトガル領ティモールの首都ディリに上陸 バウカウ、バギア、アリアンバタで独立警備隊長、大隊副官
1945年 3月	ティモール島を離れ、ジャワ、シンガポールを転戦
8月	マレーシアで敗戦
10月	レンパン島で捕虜生活
1946年 5月	帰還

東ティモールに出征

　岩村正八さんは、高雄（台湾）の工業高等専門学校を出て、精糖の研究所に勤務。戦争が始まると、台湾歩兵第2連隊に配属され、東ティモールに出征した。軍用道路建設の命令を受けた際、フェスタ（祭り）を開いて住民を集め、地区・氏名などを記録して台帳を作り、それをもとに約6000人を徴発して建設に当たらせた。また、アリアンバタ警備隊長となってからは「スパイ逮捕の成果」も挙げる（才木一兼「チモール逆無線隊戦記」第48師団会機関誌『南星』第6号1983年）など、任務に忠実な軍人だった。

岩村正八さんは自らを「風来坊」と名乗っていたが、ティモール人からは「フォホライ・ボー」（テトゥン語でにしき蛇）と呼ばれていた。討伐作戦は夜に決行していたので、「夜になると獲物を探すにしき蛇に私をなぞらえたのだろう」と言う　提供：岩村かいな

しかし、部下や上官の不品行には苦労した。自筆メモ「ある男の軍歴」には1943年バギアの欄に「部下が現地の娘を強かんしたとラジャ（王）に訴えられ、全員で石だたみの上に正座する。中原軍曹とケンカ」とある。軍曹は「土民の女に手をつけたことぐらいでお国の大事な兵隊さんに罰を下すとは何事か」と怒ったという。

　バギアでの任務には慰安所（いあんじょ）建設も含まれていた。女性たちは他地域からも集められた。また、「大隊長は部下に軍紀粛正厳正にと訓示を垂れるが、副官に命じて女を要求し、兵隊が食事に事欠いても自分だけはご馳走にありついた」とも書いている（「〈聖戦〉〈八紘一宇（はっこういちう）〉のなかみ」『箕面（みのお）忠魂碑違憲訴訟での証言』）。この大隊長に進退伺書をたたきつけて殴られ、第12中隊に配転。46年5月、日本に帰還した。

感動を呼んだ国連陳述

　戦後は関西に移って、公害防止機器等の設計にたずさわった。東ティモールの現状を知ったのは、1985年、朝日新聞で呉YWCAの筒本隆博さんの投書を読んだ時だった。その後大阪の支援者たちと知りあい、戦争を知らない世代に体験を語るようになった。

左：国連から帰って報告集会で語る岩村さん。その後大阪東ティモール協会の顧問として、若者たちと東ティモール支援活動を続けた　撮影：文珠幹夫
右：岩村さんの国連証言を聞いて感動したジョゼ・ラモス・ホルタ氏（当時はフレテリンの国連代表、のちの大統領）は岩村さんと食事をともにした。これは岩村さんの大学ノートに感謝のメッセージを書いているところ（1987.8.16）　撮影：岩村正八

　1987年8月15日、豪オーストラリアン紙は、1人の日本人の陳述が国連非植民地化特別委員会の眠気をふっとばしたと報じた。その初老の男性はこう語った。「私は第二次世界大戦中、1942年12月より45年3月までの2年4カ月を東ティモールで、輸送・警備・討伐・道路建設に従事した一士官です。戦争に何の関わりもない島民に、口にするのも忌わしいような犠牲と負担を強いることになりました。道路建設には人海戦術で、現地の酋長に命じて人を集めました。（中略）食糧不足のため、毎日のように餓死者が出ました。日本軍の食糧も弾薬輸送用の馬も強制的に集め、婦人に乱暴する部下もいました」

　そして東ティモールを占領し続けるインドネシアと、自らの戦後責任も果たさぬままインドネシアの蛮行を容認する日本政府を批判した。陳述が終わると、傍聴していたオーストラリア人、オランダ人、東ティモール人が駆けよって賛辞を送った。

体験を語り、謝罪と連帯の旅へ

　93年には豪軍の元兵士たちの招待でオーストラリアへ行き、かつて東ティモールで戦った「敵」や東ティモールの難民と交流。現地メディアでも大きく取り上げられた。「細川首相より先に謝罪できたこと、ちょっとだけ自慢だ」と言っていた。岩村さんは東ティモールの独立を待たずに1995年、他界した。しかし彼の勇気はティモール人の間で今も語り草になっている。（1995年 死去）

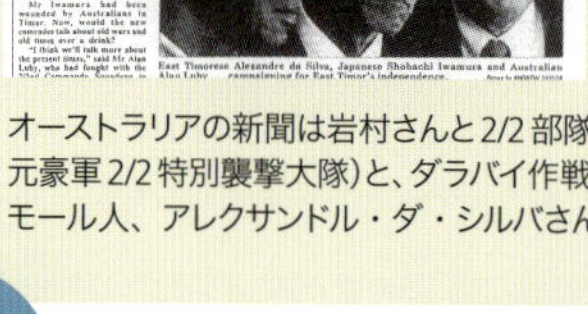

オーストラリアの新聞は岩村さんと2/2部隊協会の交流を大きく報じた。アラン・ルビーさん（右、元豪軍2/2特別襲撃大隊）と、ダラバイ作戦に豪軍側から参加し岩村さんの部隊と対決したティモール人、アレクサンドル・ダ・シルバさん（左）（シドニーモーニングヘラルド 1993.8.17）

元日本軍兵士
近藤 一 (Kondo Hajime)
1920年　三重県生まれ

「お前の番や、行ってこい」と言われて輪かんに加わりました。4年間中国にいる間に、私はこんな人間になっていたのです。

提供：山西省・明らかにする会

軍歴

1940年 12月	独立混成第四旅団独立歩兵第一三大隊第二中隊に入隊 中国山西省遼県（現・左権県）へ 初年兵教育を受ける
1941年	晋察冀辺区粛正作戦参加
1943年	六二師団に編成替え。河北省で長期討伐作戦や河南作戦に参加
1944年 8月	上海を出て沖縄・那覇港上陸 第三二軍下へ
1945年 6月	島尻郡仲座高地にて第一三大隊玉砕。米軍の捕虜となる
1946年 1月	浦賀港へ復員

　私は名古屋で生まれ、2歳から小学校6年生までは三重県阿下喜町の質実な祖父母に育てられました。家族と暮らすようになっても、貧しいのに贅沢な両親にはなじめませんでした。また皇国教育を受けて"チャンコロ（中国人の蔑称）"をやっつけよう"と真剣に考えていた軍国少年でした。貧しかったので進学を諦め、丁稚奉公に出ました。20歳の徴兵検査で奉公先から即入営。3日後大阪港から輸送船で中国大陸に出発しました。

太原の中隊本部へ公用で行ったとき、中国人写真店で撮影（1942年5月）
提供：近藤一

戦闘で人間の心を失う

　私は1回だけ、輪かんをしたことがあります。河北省で長期の討伐作戦中、トーチカの中で7、8人が女性を輪かんしました。四年兵から「お前の番や。行ってこい」と言われ、三年兵だった私は「自分の番か」程度の気持ちで加わりました。また、私の提案で三八式歩兵銃が何人貫通するか、捕えた10人ほどの村人を並ばせ試し撃ちをしたこともありました。4年も戦場にいる間に、私は輪かんに加わり、無抵抗の人を平気で殺す人間になってしまったのです。目撃した日本軍の蛮行は数知れません。河南作戦では、兵隊から暴行された10歳くらいの少女や、小隊長が面白がって兄妹同士に性交をさせたのも見ました。

沖縄、魂魄の塔の前の近藤さん夫妻。定年退職後の1982年、沖縄各地の慰霊碑に、「これが本土の水だぞ」と水筒の水をかけて回った　撮影：大石芳野

中国人「慰安婦」損害賠償請求裁判（一次）控訴審口頭弁論後の集会で語る近藤さん。この日は東京高裁で、目撃した日本軍兵士の蛮行の具体例を証言した（2003年11月）　提供：山西省・明らかにする会

残酷な初年兵教育とある女性の惨劇

　山西省遼県で受けた初年兵教育は、中国人を生きたまま銃剣で突く刺突訓練や、首切実演を見せるなど残酷なものでした。一方で古参兵は、農民の夫に苦力をさせて家から離し、その間に妻を輪かんしたり、偽の薬（ハミガキ粉）と交換に女性を提供させていました。はじめて参加した晋察冀辺区討伐作戦では、乳飲み子とともに女性を捕まえ輪かんした後全裸にして、靴だけ履かせて行軍に連れ歩きました。そして女性が衰弱すると、古参兵が赤ん坊を谷間に放り投げたのです。次の瞬間、彼女は子どもの後を追って谷底に飛び込みました。一瞬「ひどいなあ」と思いましたが、行軍の辛さでそれもすぐ忘れました。晋祠鎮の中隊本部で准尉付きの当番兵のとき、はじめて太原の慰安所に行きました。そんな時は「突撃一番」というコンドームが軍から支給されました。

加害と被害に向き合って生きる

　沖縄に着いた時には「帰れた！」と喜びましたが、1945年4月の米軍上陸直後から、戦友たちは虫けらのように次々と死んでいきました。私は仲座高地で米軍に「万歳突撃」をして、結局捕虜になりました。復員後は生活に追われ、戦争のことは思い出す余裕もありませんでした。1983年に文部省が、日本軍による住民虐殺や集団自決の強要・壕追い出しの記述を教科書から削除させたので沖縄県民が激しく抗議し、「沖縄戦の日本兵はみな酷い兵隊だった」と報道されました。これでは亡くなった戦友が誤解されます。そこで「兵士達の沖縄戦を語り継ぐ会」を作り、私たちは「捨て石にされ、捨てられた兵隊」だったという思いで体験を語りはじめました。しかし無残に死んだ兵隊が、実は中国人に対しては酷い行為をしていたのです。戦場体験を語っていく中で、加害の事実も語らなければならないと思うようになりました。

　2000年に「山西省・明らかにする会」と出会い、毎年山西省を訪れ、日本軍の性暴力を受けてつらい人生を生きてきた被害女性たちと会うようになりました。中国人「慰安婦」裁判では加害事実の証言もしました。現地を訪れると、当時の光景や中国の人の苦しんだ顔が蘇ってきて、全身が針で刺されるようです。私は命のある限り、戦争の本当の姿を伝え続けていくことでしか、自分の犯した罪は償えないと思っています。

被害女性たちはいつも、近藤さんを大歓迎する。近藤さんは彼女たちの話を非常に辛そうな表情で、しかし必ず片隅で聞いている（9回目の訪問をした2007年3月）
提供：山西省・明らかにする会

第1章　日本軍「慰安婦」制度の仕組みと実態

第2章 「慰安婦」制度の被害と実態
アジア各地の被害女性たちの証言

　日本軍「慰安婦」制度の実態は、文書資料だけでわかるものではありません。しばしば、「強制連行を示す証拠がない」「被害者の証言には証拠がない」などと言われますが、そもそも「強制連行をしろ」などという文書が作られたはずがありません。女性たちがどのように連行され、慰安所でどのような境遇にあったのかを語ることができるのは、「慰安婦」を強いられた女性たち自身です。

　1990年代になり、多くの被害女性たちが沈黙を破り「尊厳の回復」を求めて立ち上がりました。日本政府に謝罪・補償を求めて提訴した裁判もその一つです。日本政府は「女性のためのアジア平和国民基金」（37ページ参照）を設立して事業を推し進めましたが、多くの女性たちが「償い金」の受け取りを拒否しました。女性たちが求めている「尊厳の回復」とは何でしょう。

　「慰安婦」を強いられた女性たちは、慰安所での体験だけでなく、それぞれの人生をつづっています。
　一人ひとりの女性に出会ってください。
　一人ひとりの人生に向き合ってください。
　その中できっと、女性たちが受けた残虐な被害の実態と、彼女たちが求めている「人間の尊厳」とは何かが見えてくるはずです。

上海（シャンハイ）の楊家宅に作られた慰安所には、東兵站司令部の名前で「慰安所規定」が貼り出されていた（1938年1月）
出典：『上海より上海へ』（麻生徹男/石風社）

Q どのような女性たちが、どこへ連れていかれたのですか？

植民地（朝鮮・台湾）の女性たち

日本の植民地だった朝鮮と台湾では、若くて健康で性病にかかっていない女性たちがターゲットになりました。多くは農村の貧しい家庭の娘で、学校にいくこともできなかった未成年で未婚の女性たちです。日中戦争の頃は、朝鮮の女性たちが日本軍の駐屯する中国各地の慰安所に、太平洋戦争が始まると、台湾の女性たちも含めて東南アジアの各地に作られた慰安所に連れていかれました。

朝鮮人「慰安婦」が連行された慰安所の所在地
（2006年3月作成、2013年9月修正）
出典：被害者・元日本兵の証言、戦記、軍関係資料、公文書など
地図作成：野木香里、西野瑠美子
元データ作成：池田恵理子、松本真紀子

日本軍の最大侵攻圏（1942年夏）

占領地（中国や東南アジア地域）の女性たち

太平洋戦争に突入し、戦争が拡大するにつれて「慰安婦」が足りなくなると、フィリピン、インドネシア、ビルマ、マレーシア、東ティモール、パプア・ニューギニアなど、日本軍が占領した地域の女性たちが拉致されたり、日本軍に命じられた日本軍協力者や村長などによって、地元の慰安所に連れていかれました。インドネシアでは抑留所に収容されていたオランダ人女性も「慰安婦」にされました。若い女性だけでなく、夫や父を喪くし後ろ盾のない女性も狙われました。また、中国やフィリピンなど抗日活動が活発だった地域では、抗日派の女性や妻、娘が拉致され、見せしめと情報収集のために性拷問や輪かんの対象になりました。討伐作戦で集団レイプの被害にあった女性たちもいます。

東ティモールで各地の「慰安所」に入れられた女性たち。2006年1月、初めて東ティモールで開かれた「慰安婦」公聴会で証言した。昼間は強制労働、夜には兵士の相手を強いられた女性たちが多い
撮影：文珠幹夫

日本人

中国をはじめ、アジア各地の慰安所には日本人「慰安婦」もたくさんいました。貧しさから遊郭に売られ、公娼になった女性たちで、多くが業者の話にのって早くに借金を返すため戦地へ働きに出ました。しかし、長崎から上海の慰安所に連れていかれた女性たちのように、「兵隊相手の食堂」「女中奉公」などと騙されて「慰安婦」にされた女性もいます。日本人女性は中国をはじめアジア各地の慰安所に移送されました。

敗戦直後、日本政府は進駐軍のためにR.A.A.（Recreation and Amusement Association 特殊慰安施設協会）を組織し、米軍兵士のための慰安所を作りました。そこに入れられたのはほとんどが日本人女性で、「公娼」の女性たちばかりでなく、公募によって集められた職を求める若い女性たちも含まれていました。彼女たちは心身ともに大きな傷を負い、病気や自殺に追い込まれた人も少なくありません。

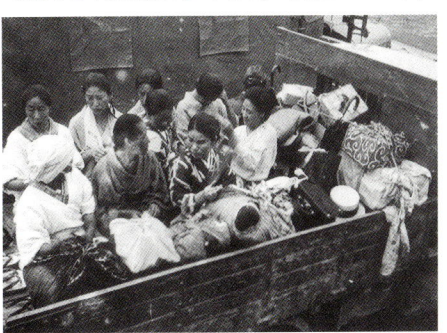

トラックで運ばれる日本人「慰安婦」たち
出典：『新版 私の従軍中国戦線』村瀬守保／日本機関紙出版センター

朝鮮民主主義人民共和国

朴永心 (Pak Yong-sim)

1921年　平安南道南浦市(ピョンアンナムド ナムポ)生まれ

妊娠させられ、砲弾が降る中を逃げ回りました。地獄の戦場を、私は生き残ったのです。

撮影：西野瑠美子

孤独な少女時代

1921年12月15日、平安南道南浦市に生まれました。生まれてまもなくオモニ(母)が病気で亡くなったため、私はオモニの顔さえ知りません。まもなくアボジ(父)が再婚し、新しい母に2人の妹が生まれると、家の中に私の居場所がなくなったようで孤独でした。家が貧しく学校にも行かせてもらえず、14歳になると洋品店に奉公に出されました。

騙されて南京へ

1939年8月、当時17歳だった私は、日本人巡査の「お金がもうかる仕事がある」という言葉に騙されて南京の慰安所(キンスイ楼)に連れていかれました。そこで「歌丸」と名づけられ、2階の19号室に閉じ込められたのです。言うことを聞かないと日本兵に軍刀で切りつけられたり、屋根裏の拷問部屋で全裸で体罰を受けました。遠くで聞こえる汽笛の音を聞くと、「あの汽車に乗れば故郷に帰れる」と、涙があふれてなりませんでした。

最前線の戦場に

1942年にビルマに移送され、「若春」と名づけられてラシオの「イッカク楼」に入れられました。その後、中国雲南省拉孟に駐屯する第56師団の拉孟守備隊の慰安所に連れていかれたのです。そこは最前線の戦場で、日本軍が全滅する直前、私は3人の朝鮮人女性と壕を逃げ出し、中国軍に発見されました。その時、私は妊娠していましたが、お腹の子どもは死産でした。

1944年9月、拉孟守備隊が全滅したとき、拉孟(松山)で中国軍に発見された4名の朝鮮人「慰安婦」。右端のお腹の大きな女性が朴永心さん(米軍写真班撮影)

悪夢に苦しんだ戦後

朝鮮戦争が終わった年に、5歳年上の男性と結婚しましたが、「慰安婦」にさせられた過去を夫にも話すことはできませんでした。子どもができず、養子を引き取って育てることにしましたが、夫は病気で亡くなってしまい、私はひとりでその子を育てました。

50年以上経った今も、黄色い服を着た日本人に追いかけられたり、首を絞められる夢を見てうなされます。1992年に朝鮮で初めて被害者が名乗り出ましたが、その翌年、私もこの「恨(ハン)」を晴らしたいと名乗り出たのです。(2006年8月7日 死去)

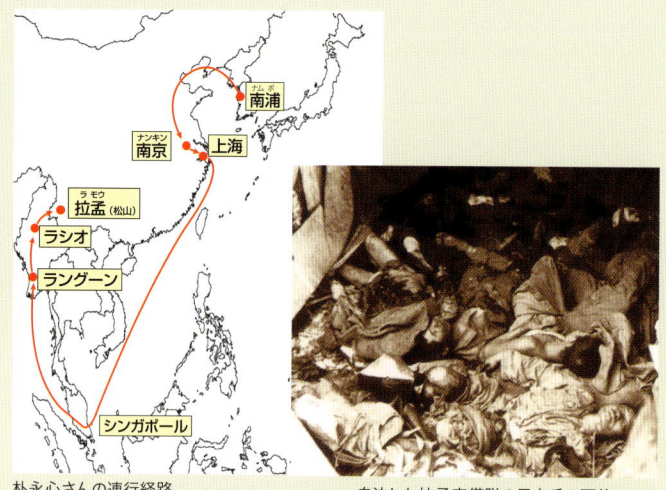

朴永心さんの連行経路

自決した拉孟守備隊の日本兵の死体。この中に「慰安婦」と思われる2名の女性の死体がある。朴さんも逃げ出す直前まで、この壕にいた(アメリカ公文書館所蔵)

朴さんが入れられた19号室　撮影：朱弘

南京市内にあった「キンスイ楼」の建物
(2003年) 撮影：西野瑠美子

フィリピン
トマサ・サリノグ (Tomasa Salinog)

1928年　パナイ島生まれ

女性国際戦犯法廷*¹ は、私たちの声に耳を傾け、尊厳を取り戻してくれた初めての裁判所でした。

2度目に監禁された家があった場所に座るトマサさん。
今は石段だけが残っている　撮影：岡野文彦

目の前で父を殺され、慰安所に連行

母は私を産んで1カ月後に亡くなり、兄弟はいません。日本軍が来るまで、私は大工だった父とサン・ホセで、貧しいけれど平和な暮らしをしていました。

1942年に日本軍がやって来ると、サン・ホセは日本兵であふれました。ある夜、2人の日本兵が自宅に押し入り、私を連行しようとしました。それに抵抗した父はヒロオカ大尉によって、軍刀で首を切り落とされてしまいました。あまりの悲しさに泣き叫ぶ私を、日本兵はゴビエルノ通りの駐屯所の隣にある2階建ての大きな家に連行しました。そして私は夜明け前にヒロオカ大尉に強かんされました。抵抗しましたが無駄でした。それから毎日2人から5人くらいの兵士に、繰り返し強かんされるようになりました。私は満13歳で初潮前でした。正気を失ったこともありました。父のことや父が殺された時のことを思い出して、何時間もぼんやり宙を見ていました。

ある日、日本兵が置き忘れた鍵を使って逃げ出し、ある老夫婦に匿ってもらいました。でも3日目に井戸で水を汲んでいたところをオクムラ大佐*²に発見され、石原産業倉庫脇の大佐の家に連れていかれました。逃げると殺すと脅されて、奴隷のように扱われました。オクムラ大佐とその友人たちに強かんされる日々が、日本軍撤退時まで続いたのです。

戦後は母の形見のミシンで仕立物をしながら養子を育てました。目が悪くなってからは小さなサリサリストア（雑貨屋）を営んでいます。若い頃には結婚を申し込まれたこともありましたが、すべて断りました。セックスには暴力と強かんの記憶がつきまとって汚らしく、寒気がしたからです。交際を断った男性の1人からは日本軍によって「慰安婦」にされたことで侮辱され、家に投石をされたこともありました。

60年間暮らした家。サリサリストアも兼ねる
撮影：岡野文彦

名乗り出、そして裁判の原告に

日本の友人たちの支援で建てられたロラの家
（ロラとはタガログ語で「おばあさん」の意）撮影：岡野文彦

1992年に新聞で「慰安婦」調査のことを知って、毛布を売って交通費を作り、イロイロ市に出かけ、名乗り出ました。はじめて自分の体験を打ち明けて、大きな安堵感に包まれました。

その後日本政府を訴える裁判の原告になりましたが、東京地裁では全面棄却の判決で、「恥ずかしくて村に帰れない。このまま死んでしまいたい」と泣きました。女性国際戦犯法廷ではじめて正義が達成されたと感じました。今までに味わったことのない気持ちでした。

私は貧しく年老いた女性です。ひとり暮らしの私に必要なものはそう多くありません。お金では、父の死や私の未来と夢が奪われたことの償いにはなりません。ですから「女性のためのアジア平和国民基金」は受け取らないことにしました。

家の立ち退きを地主からせまられていた2001年、日本の支援者の方々が新しい「ロラ・マシンの家」を建ててくれました。最近、女性国際戦犯法廷の様子をテレビで見た人たちから、声をかけられるようになりました。そんな時、「私が言ってきたことは間違いではなかった」「正しいことのために自分は立ち上がったのだ」と誇らしく思います。（2007年4月6日 死去）

パラ・カイネットワーク主催の「ロラ・マシン支援コンサート」（2001年8月）撮影：岡野文彦

サン・ホセを訪れた支援者・高嶋たつ江さんと再会を喜ぶロラ・マシン（トマサさんの愛称）（2001年12月）撮影：岡野文彦

*1　女性国際戦犯法廷：58〜60ページ参照

*2　パナイ島守備隊に所属していた元日本軍兵士の熊井敏美さんの証言から、トマサ・サリノグさんを2度目に監禁したのは「オクムラ大佐」ではなく外村中尉（石原産業の主任だったが現地で召集を受けた）だったことが判明した。

台湾

盧満妹 (Lu Man-mei)
1926年　台湾新竹県(シンチュー)生まれ

「国のため、兵隊のためだ。おとなしくしたほうがいい」
日本兵はそう言って、私に襲いかかりました。

撮影：柴洋子

貧しくても愛されて育った子ども時代

両親は比較的裕福な農家でしたが、私は3歳の時親戚へ養女に出されました。子どもがいなかった養父母は私をとてもかわいがってくれました。しかし家は貧しく、学校へは3年しか通えませんでした。毎日早朝から晩まで、養母と茶摘みをして生活を支えました。

騙されて海南島の慰安所へ

1943年、私が17歳の時、看護婦の仕事があると声をかけられて、心が動きました。少しでも収入が増えれば、母を楽にできると思ったのです。でも親に言えば反対されると思い、内緒で家を出ました。30～40人の女性たちといっしょに、高雄から海南島の楡林(ゆりん)港に連れていかれ、紅沙へ着きました。部屋数が20～30はある、細長い木造長屋のような建物が建設中でした。完成すると1人に2畳ほどの部屋が割り当てられ、そこは日本人夫婦が管理する慰安所(いあんじょ)だということが初めてわかりました。私は騙(だま)されていたのです。

初めて兵隊がやってきた時は、性交渉のことなど何もわからず、泣いて泣いて必死に抵抗しましたが、かないませんでした。出血と痛みと恐怖にさいなまれました。初日でも7、8人の兵隊が来ました。後は1日に15人くらい来て行列を作り、「早く、早く」と大声を出していました。厳重に見張られて、逃げ出すことも自殺することもできず、感情を押し殺してひたすら辛抱するだけでした。お金は一度も受け取っていません。

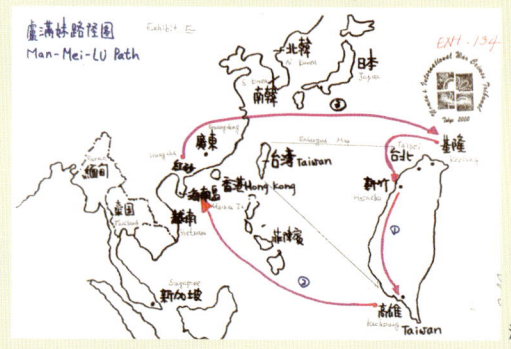

慰安所の切符を買った兵隊には、サック(コンドーム)が配られましたが、いやがって使わない人もいたので、私は妊娠してしまいました。1944年、妊娠8カ月でやっと帰国が許され、途中でマラリヤにかかりましたが、何とか帰り着きました。

私は泣かない。泣いてもしょうがない

養父母は私の帰国を喜んでくれました。でも赤ちゃんは生後38日で死に、私は同じ生年月日の養女をもらいました。ところが半年後に養父が亡くなり、1年後には養母も死んでしまいました。悲しみをこらえて、茶摘みや煉瓦運び、保険の勧誘など必死に働きました。38歳で結婚して男の子をもうけましたが、夫の耳に私の過去の噂が入って別の女性の元へ走り、帰ってくることはありませんでした。

私は今も洗濯婦として働き続けています。私の青春時代は日本に奪われたのです。日本政府は公式に謝罪し、私たちに賠償してほしい。私の青春時代を返してほしいと思います。(2010年8月21日 死去)

若い頃の盧満妹さん　提供：盧満妹

海南島までの航路

元気に働く盧満妹さん　撮影：矢嶋宰

上：日本政府を訴えた裁判は最高裁で棄却されたが、支援の輪は広がった　撮影：柴洋子
下：女性のためのアジア平和国民基金反対のデモンストレーション　撮影：柴洋子

インドネシア
マルディエム (Mardiyem)
1929年 ジョグジャカルタ生まれ

慰安所で妊娠した赤ちゃんは、中絶手術の後もまだ生きていました。その子を殺した罪から逃れることができません。

撮影：西野瑠美子

第2章 「慰安婦」制度の被害と実態

歌手を夢見ていた少女時代

　私は母を生後7カ月で、父を10歳で亡くしたので、お手伝いさんをして働いていました。歌手か女優になるのが夢でした。だから日本軍が軍政を敷いて間もない1942年、幼なじみから「ボルネオでいっしょに芝居をしよう」と誘われた時は喜びました。少女たちを募集していたのは正源寺寛吾（バンジャルマシン初代市長）でした。

中央は正源寺寛吾・初代バンジャルマシン市長。少女たちを募集して回った　提供：木村公一

「モモエ」という名の「慰安婦」に

　ボルネオに着くと48人の少女の半分は劇場や食堂に、残りの私たちは郊外のトゥラワンに連れていかれました。そこは慰安所だったのです。私は「モモエ」と名付けられ、11号室に入れられました。翌日、病院で身体検査の後、次々と6人の日本兵から強かんされました。13歳でした。最初に強かんしに来たのは身体検査をした医務員でした。膣からの出血がひどく、私は管理の男に「もうやめてくれ」と血だらけになった下着を投げつけました。そして外から鍵をかけられました。私は辱めを受け、夢と希望のすべてを奪われたあの日のことを、生涯忘れません。

　日本の敗戦までの3年あまり、私は1日に10〜15人の日本兵に強かんされ続けました。彼らは切符を支払いましたが、換金されたことはありません。

　14歳の時、妊娠5カ月で麻酔薬も使わない乱暴な中絶手術を受けました。胎内から掻き出された男の子はまだ生きていました。自分の子を殺したという罪の意識と苦悩は、今も消えません。中絶の後、慰安所の経営者で日本人のチカダという男からはひどい暴力を受け、体に後遺症が残っています。

　私の心の慰めはハーモニカを吹くことと歌を口ずさむことだけ。ただ苦痛を受け入れ、成り行きのままに生きる毎日でした。

「よく叫び声が聞こえた」と話す現地の人と　撮影：渡辺美奈

私にとっての'薬'

　敗戦後、私は蘭印軍の元兵士だった人と結婚し、子どもを1人もうけました。夫にはよく尽くしましたが、慰安所で受けた肉体的・精神的な苦痛があまりに強く、夫から愛情を求められても応じられないこともありました。

　1993年に「慰安婦」被害者として名乗り出てからは、被害者同士で助け合ってきました。周囲からは「日本の売春婦」と蔑まれ、仕事を続けられなくなることもありました。

　日本は罪を認めて謝罪してほしいです。それが私にとって一番の'薬'なのです。（2007年12月20日 死去）

2000年、マルディエムさんは48年ぶりにボルネオを訪れた。慰安所があった場所は、マーケットになっていたが、チカダが住んでいた家はそのまま残っていた

チカダの家　撮影：渡辺美奈

今は市場が建っている慰安所跡　撮影：渡辺美奈

ジョグジャカルタに住む被害女性ラシエムさんと　撮影：渡辺美奈

毎日丁寧に庭の掃除をするマルディエムさん　撮影：渡辺美奈

日本

城田すず子 (Shirota Suzuko)

1921年 東京市深川区生まれ

どうか「慰安婦」の慰霊塔を建ててください。それが言えるのは私だけです。

提供：かにた婦人の村

裕福だった家が没落し、神楽坂の芸者に

私は東京の深川でパン屋をしていた家に5人きょうだいの長女として生まれ、おきゃんな下町娘に育ちました。ところが共立女子職業学校2年生の時、母が急死して家が傾き、親戚の借金の保証人となって破産。私は神楽坂の芸者屋に子守に出されました。父の借金のため60歳過ぎの社長に「水揚げ」され、重い淋病をうつされたあげく横浜の遊廓へ売られ、台湾の慰安所へ売られたのが17歳の時でした。横浜駅まで見送りに来た父は、「かんべんしてくれ」と言って泣きました。同行の女性は7人いました。

南洋諸島の慰安所で働いた日々

台湾の馬公に「海軍御用」の遊廓は20軒ほどあり、娼妓が15人の常盤楼に入れられました。馬公支庁から鑑札をもらい性病検診を受け、「品千代」と呼ばれて奴隷の生活が始まりました。土日には兵隊が列を作り、1人の女に10人も15人もたかります。外へ出るには外出許可証と交番の鑑札が必要でした。でも8カ月働いても借金は全然減りません。何とか脱出しようと、1人の客をだまして多額の送金をしてもらい帰国しましたが、義母は私を家にも上げてくれず、弟たちは飢えと病気に苦しんでいました。弟たちを救うお金を作るためには、南洋の慰安所で働くしかありませんでした。

サイパン島ガラパン町では「美佐子」という名で、トラック島では見晴亭で、パラオでは紅樹園（マングローブ）で働きました。紅樹園では朝鮮と沖縄の女の子たち20人の海軍特要隊の世話を任されて、帳場でチケットも売りました。そのうち激しい空襲が始まり、私たちは兵隊さんと助け合いながらジャングルで暮らすことになりました。空襲で死んだ子もいます。しだいに食べ物も乏しくなってきましたが、日本軍の部隊から「生き残った陸海軍兵士のために慰安所を」という話が出て、軍属の工作班がジャングルの中に家を建てました。私はこの紅樹園支店のおかみをつとめました。そして敗戦。アメリカ海軍のLSTに乗って浦賀に引揚げたのは1946年3月です。パラオからの最後の引揚げ船でした。

戦後の荒んだ生活

戦後は逗子の引揚げ寮から九州へ流れ、捨て鉢な気持ちで身を売って歩きました。ヒロポン中毒になり、進駐軍相手の店や遊廓を転々として、福岡、長崎、熊本、神戸、東京の吉原へ。豊橋で出会って好きになった学生とは心中を図りましたが、私だけが生き残ってしまいました。久しぶりの母の墓参りで弟の死と妹の自殺を聞かされ、頭を鉄槌で打たれたような衝撃を受けました。何とか借金を返して堅実な所で働きたいという思いがつのり、東京へ向かった1955年9月3日、駅で買った「サンデー毎日」に新宿の慈愛寮の記事が載っていたのです。赤線から出てきた人が更生する施設です。私はこの日、まっすぐ慈愛寮に向かいました。

「慰安婦」の同僚たちが夢に現れ、鎮魂碑の建立へ

慈愛寮に入ってから生活は一変しました。日曜には礼拝に行き、子宮摘出手術の日に洗礼を受けました。体はボロボロでしたが、うれしかったのは父や弟たちが見舞いに来てくれたことです。しかし家に帰ると義母からは「元の水商売に戻れ」と言われました。困って相談に行ったのがベテスダ奉仕女母の家です。深津文雄先生は手を尽くして、仕事を見つけてくれました。その後も先生は婦人保護施設・いずみ寮を建て、「一生暮らせるコロニーがほしい」という願いを、かにた婦人の村を作ることでかなえてくれました。私はここで編み物や読書をしてラジオを聞き、日記や手紙を書いて暮らしました。自分の半生は『マリヤの賛歌』（1971年）にまとめました。

戦後40年も経った頃、祈っていると戦時中の同僚たちの姿が浮かび、耐えられなくなってきました。「慰安婦」のことは日本のどこからも、ただの一言も声があがりません。思いあまって深津先生に「どうか慰霊塔を！」と言ったところ、桧の鎮魂の柱を建ててくれました。これがマスコミに取り上げられて寄付金が集まり、86年には「噫 従軍慰安婦」と刻んだ石の碑が完成。やがて韓国から「慰安婦」にされた人が名乗りをあげました。

大勢の「慰安婦」の霊のために祈りましょう。それが戦場から抜け出て、生きながらえている者のつとめだと思います。

（1993年3月 死去）

千葉県館山市の婦人保護長期入所施設「かにた婦人の村」1965年創立 撮影：渡辺美奈

1986年に建立された石の鎮魂碑。語っているのは、かにた婦人の村施設長（当時）の深津文雄牧師。毎年8月15日には「慰安婦」の鎮魂祭が開かれる 提供：かにた婦人の村

元施設長・天羽道子さんが見せる城田さんの日記や手紙。宛先はケネディ大統領や中曽根総理大臣から市川房枝さん、澤地久枝さんなども。さまざまな人が城田さんを訪ねて話を聞いた 撮影：渡辺美奈

朝日社会福祉賞の賞金をもとに建てられた教会堂の地下には、城田さんの願いで納骨堂が作られた。城田さんもここに眠る 撮影：渡辺美奈

遺品が語る 城田すず子さん

資料提供：かにた婦人の村

　城田すず子さんは脊椎を損傷して歩行が困難になってから、車椅子の生活に入りました。車椅子では起伏の多い「かにた婦人の村」の中を自由に歩けません。それもあって城田さんは、施設長の深津文雄さんをはじめさまざまな人にたくさん手紙を出しました。せっせと日記も書きました。城田さんの語り口のままに、率直な思いが伝わってきます。

城田さんはたいへんおしゃれで、1日に何度も"お色直し"をすることもあったという。数種類のカツラを愛用していた

『マリヤの賛歌』（1971年出版）城田すず子さんが書いた半生記。台湾やサイパン、パラオの慰安所での生活もていねいにつづられている

1980年10月24日の日記には、すでに鎮魂碑のイメージが出てくる

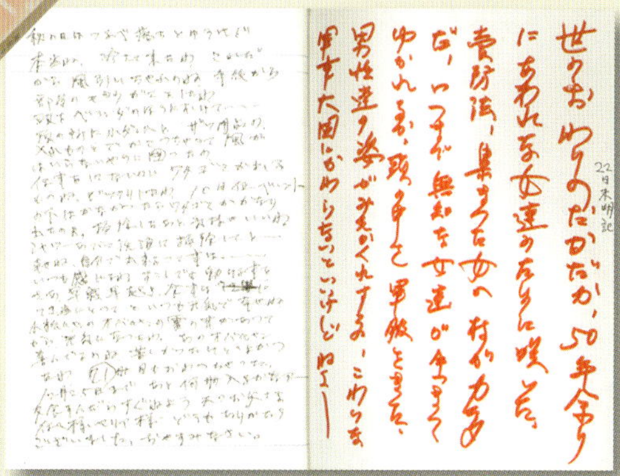

1982年10月22日の日記ではノートの裏表紙に赤文字で、日本が再び軍事大国になっていくのではないかと恐れている気持ちが書かれている。城田さんはラジオのニュースを熱心に聞き、政治情勢にも関心を寄せていた

入院中の城田さん。脊髄損傷で、入院期間は6年半に及んだ。以来、車椅子の生活となる（1958年）

スケッチブックに描いた「慰安婦の慰霊塔」。「いっぱい女の人が出てきて、うれしそうに集まってきたのよ。ほうぼうからとんで集まってきた、カニタの山の上に」という文章も読みとれる

かにた婦人の村の人々が総出で楽しむ恒例の運動会（1991年）。車椅子を押しているのは、城田さんが終生暮らした「ユッカ棟」の責任者・桜庭歌子さん

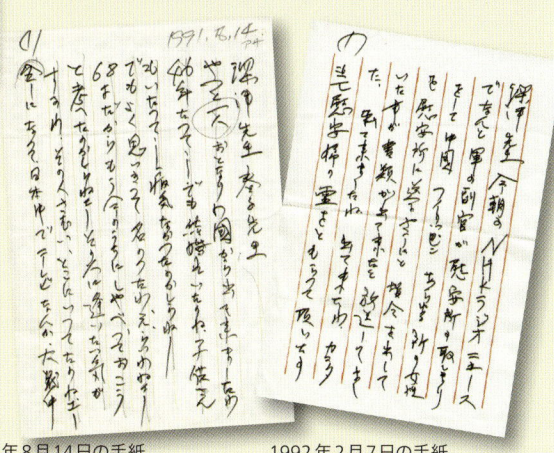

1984年頃には、夢の中に度々同じ慰安所にいた「慰安婦」たちが現れるようになった。なかなか寝つかれないこともあり、「慰安婦」の鎮魂をしたいという思いには、切実なものがあったことがわかる

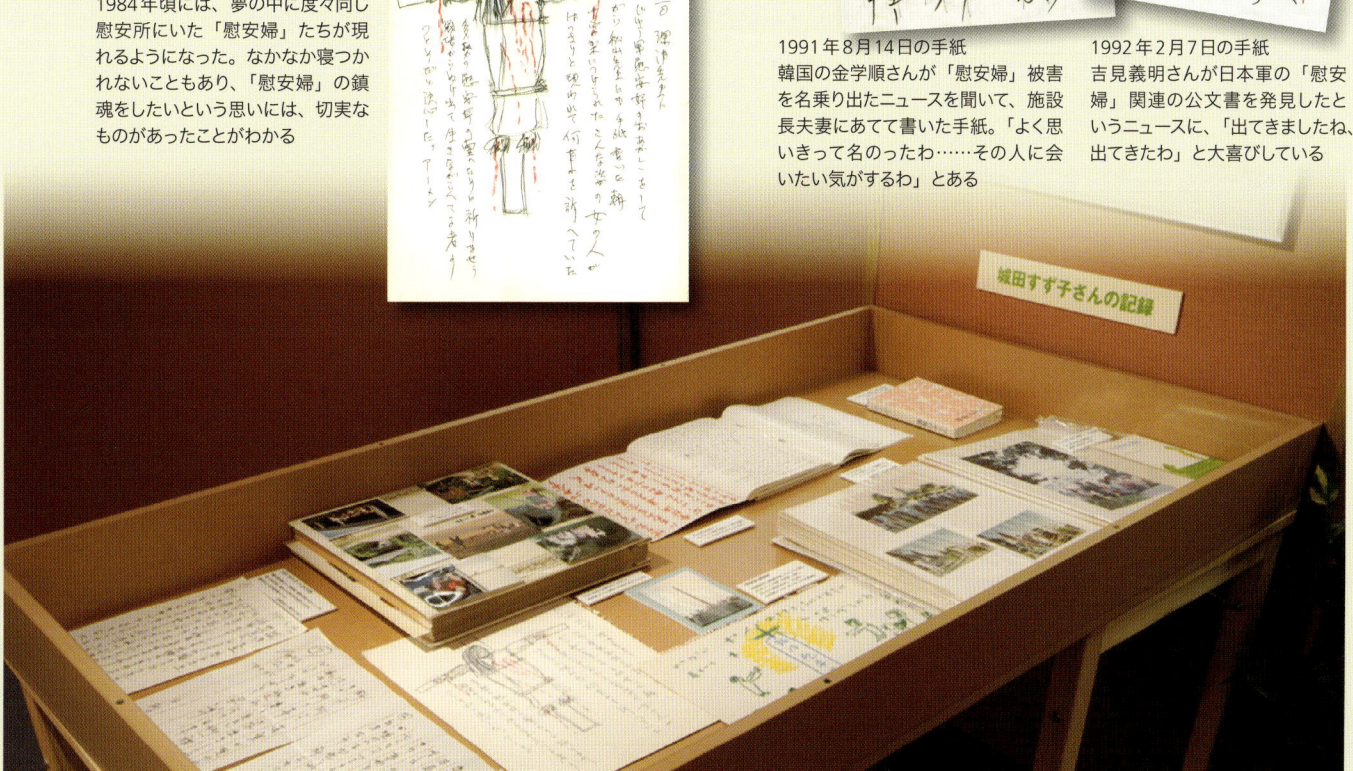

1991年8月14日の手紙
韓国の金学順さんが「慰安婦」被害を名乗り出たニュースを聞いて、施設長夫妻にあてて書いた手紙。「よく思いきって名のったわ……その人に会いたい気がするわ」とある

1992年2月7日の手紙
吉見義明さんが日本軍の「慰安婦」関連の公文書を発見したというニュースに、「出てきましたね、出てきたわ」と大喜びしている

城田すず子さんの記録

第2章 「慰安婦」制度の被害と実態

wam展示

オランダ

ジャン・ラフ＝オハーン
(Jan Ruff-O'Herne)

1923年　インドネシア　ジャワ島生まれ

この犯罪を、決して許すことはできません。

提供：VAWW RAC

幸せだった子ども時代（1929年頃・真ん中がオハーンさん）
提供：Jan Ruff-O'Herne

愛情深い両親と豊かでしあわせな少女時代

　私は5人きょうだいの3番目で、当時オランダの植民地だったインドネシア中部ジャワ州にあるスマラン市近郊のプランテーション、チェピーリン製糖の農園で育ちました。美しい館、趣味のいい家具調度、たくさんの奉公人たち。敬虔なカトリック教徒の父からは強い信仰と深い祈りを教えられ、熱帯のすばらしい自然の中でのびのびと少女時代をすごしました。子どもの頃は、カトリックの専門教育を受けて修道女になりたいと思っていました。

アンバラワ第6収容所へ

　1942年3月1日に日本軍はジャワ島に侵攻し、3月8日にオランダ軍は降伏しました。当時私は19歳で、フランシスコ修道会の教員養成大学の最終学年でした。日本軍が占領してまもなく、オランダ人は日本軍の抑留所に入れられました。そこは古い兵舎で、とても人の住めるようなところでありませんでした。床はねずみやしらみ、南京虫でいっぱい。屋根は雨漏りがして、ひどい衛生状態でした。たくさんの女性と子どもが飢えやマラリア・赤痢などの病気で死にました。薬もなく、逃げることもできずに、本当に苦しい3年間でした。

スマランの慰安所「七海亭」に監禁

　1944年2月、私が入れられていた女性と子どもの抑留所に日本軍の将校を乗せた軍の車がやってきて、17歳から28歳の女性を広場に整列させ、「慰安婦」にする女性を選別しました。私を含む16人の娘が選ばれ、無理やりトラックに乗せられてスマランのカナリーランドにある家に連れていかれました。「七海亭」と呼ばれるその家の周囲は有刺鉄線で囲まれ、逃げることはできませんでした。

ジャワ島では、約10万人のオランダ人が抑留所に入れられた

　私たちは恐怖で震えながら身を寄せ合って祈りましたが、1人また1人とベッドルームに連れていかれました。私はテーブルの下に隠れましたが、引きずり出され、軍刀を突きつけられて強かんされました。その夜、いったい何度強かんされたことか…。私はこの最初の夜を決して忘れません。私たちは体を寄せあい声をあげて泣きました。翌日から日本兵が列を作ってやってきました。

「日本の売春婦」と呼ばれて

　2カ月ほどして慰安所は突然閉鎖され、私たちはボゴールの抑留所に移送されましたが、日本人は、慰安所での出来事は絶対に話してはいけない、もし話したら家族ともども殺すと脅しました。私たちは沈黙せざるをえず、他の人たちから「日本の売春婦」と呼ばれ、とてもつらい思いをしました。

　1946年に理解あるやさしい英国人の夫トム＝ラフと結婚しましたが、4回流産。大きな手術を受けて、ようやく2人の娘を授かりました。しかし、過去の記憶がよみがえり、夫との間でも性的な喜びを感じることはできませんでした。

未来の夫、トム＝ラフ（左）とオハーンさん
提供：Jan Ruff-O'Herne

韓国の「慰安婦」たちが話す勇気をあたえてくれた

　私は50年間、その恐ろしい記憶を話すことができませんでした。ところがある日、韓国の「慰安婦」たちが沈黙を破って名乗り出たことをテレビで知りました。また、旧ユーゴの紛争下でボスニアの女性たちが強かんされたことを知り、私の体験は単に50年前の出来事ではないと思いました。戦争では女性が被害者になります。私は沈黙を破るべき時が来たと考え、名乗り出る決心をしました。

女性国際戦犯法廷で言い渡された「天皇有罪」の判決概要に喜ぶオハーンさん（2000.12.12）　提供：VAWW RAC

Q 慰安所での生活はどのようなものでしたか？

第2章 「慰安婦」制度の被害と実態

外出の自由はなく、監禁状態

慰安所での生活は軍や経営者によって管理されていました。監視の目が厳しく、「慰安婦」の外出は取り締まられ、たとえ許されても裵奉奇(ペボンギ)さんのように決められた区域内での散歩ぐらいでした。逃げ出しても自分がどこに連れてこられたのか、また地理も言葉もわからない土地で行く当てなどありません。逃げても生命の保証もありません。中には逃げ出したものの追っ手に捕まり、見せしめのためにひどい体罰を受けた「慰安婦」もいました。

屈辱の日々

「慰安婦」には日本名がつけられ、着物や髪型も日本風にさせられました。慰安所には、昼間は下士官・兵が、夜は将校がきて、体調が悪くても生理であっても、拒否することはできませんでした。1日に10〜20人、多い時にはそれ以上の相手を強いられることもあり、病気になったり、性病に感染した「慰安婦」もたくさんいました。慰安所に入れられる女性は、最初に必ず性病検査を受けさせられましたから、性病は軍人からうつされたのです。定期的な性病検査はとても屈辱的なものでした。

抵抗すると暴力を振るわれ

文必琪(ムンピルギ)さんは、「日本兵は部屋に入ってくると、軍刀を畳に突き立てて迫ってきた。言うとおりにしなければ殺すぞという威嚇だった」と語っています。

宋神道(ソンシンド)さん（34ページ参照）は拒否したためにひどく殴られて鼓膜が破れ、今でも右の耳が聞こえません。わき腹には10数センチの軍刀による傷痕(あと)が、股の付け根にも深くえぐられた傷痕があります。多くの女性が宋さんのように当時の傷を体に残しています。暴力を振るう日本兵たちの前で、彼女たちはまったく無力でした。

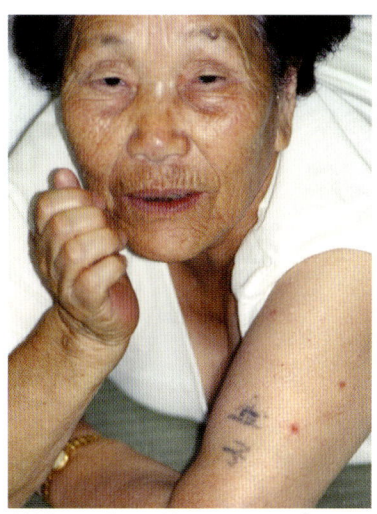

宋神道さんは腕に、慰安所でつけられた「金子」という名前を刺青された　撮影：川田文子

自殺する少女も

あまりに苦しくて自殺した女性たちもたくさんいました。「慰安婦」への監視が厳しかったのは「自殺防止」のためでもありました。人間らしく生きることができない、かといって死ぬこともできない生活は、まさに地獄の日々でした。

「慰安婦」たちは性的「慰安」にとどまらず、明るく振る舞うことも強要されました。そんな様子を「楽しそうだった」という兵士がいる一方、彼女たちの境遇に気づいていた兵士もいます。

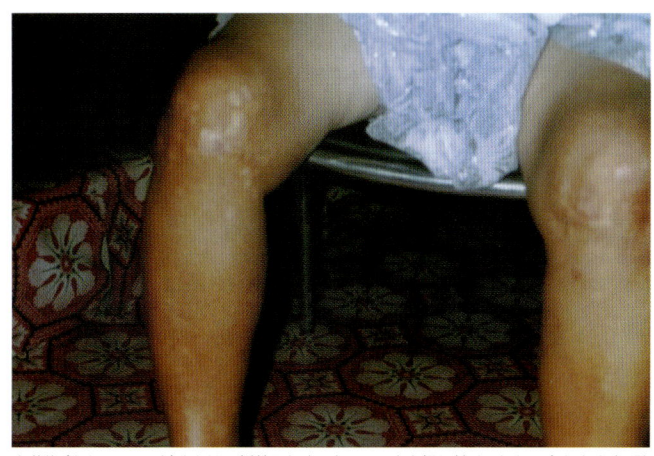

上海の其美路にあった沙涇小学校で行われた性病検診に向かう「慰安婦」たち（1938.1.2）　出典：『上海より上海へ』（麻生徹男/石風社）

「慰安婦」たちの性病検診に使われた診察台
出典：『上海より上海へ』（麻生徹男/石風社）

金英淑(キム・ヨンスク)さんは、抵抗した時にタバコの火を押し付けられた。今もやけどの跡が残っている　撮影：西野瑠美子

中国

万愛花 (Wan Aihua)
1930年 内モンゴル(内蒙古)生まれ

死ぬことなんて考えなくていいよ。
まだ大事なことがあるからね、
この古い体で闘おうよ。

提供：山西省・明らかにする会

15歳で抗日副村長に

私は4歳の頃、売買婚で山西省盂県の羊泉村の貧しい家に買い取られました。30歳を越えていた夫には村に愛人がいて、幼い私を疎んじ、家に寄りつきません。抗日戦争が始まると私は村の児童団に加わり、14歳の時には共産党員になって八路軍のために夢中で働きました。私の活動は評価されて、わずか15歳で抗日の副村長に任命されました。

左：被害当時、万愛花さんが住んでいた羊泉村。2回目に拉致されたのはこの池のほとり
右：日本軍拠点のあった進圭社　提供：山西省・明らかにする会

拷問で死ぬかと思ったが、黙秘した

私は1942年(あるいは43年)の6月半ば頃、村に侵入した日本軍に進圭社の拠点へ連行され、ヤオトンに監禁されて「共産党の情報を出せ」と殴られました。でも1週間後に窓を壊して逃げ出しました。

2回目は同じ年の8月頃、池で洗濯をしている時に捕まり、同じヤオトンに監禁されました。最初の夜は全裸にされて何人もの兵士に犯されました。待っている兵士は周りで笑いながら見ていました。強かんの後は拷問です。私が党員の名前を言わないので、ベルトや棒、銃の台尻などで殴り、意識を失うと水をかけて蘇生させ、拷問を繰り返しました。この時も監視の隙をつき、戸をこじ開けて逃げました。

3回目はその年の12月か翌年の正月です。また進圭社に監禁されました。同じヤオトンは、逃げられないように窓も戸も塞がれていました。輪かんと拷問は、さらにひどいものでした。私は白状せずに、沈黙を守りました。すると彼らは私を庭の木に吊り下げて脇毛を抜き、銃床で殴り軍靴で蹴りました。肩の付け根や腿が骨折し、釘の付いた板で頭を殴られました。私は意識を失い、死んだと思われて、裸のまま冬の川辺に捨てられました。そこを1人の老人に助けられて、奇跡的に生き延びたのです。

娘に打ち明けるまでに半世紀

命はとりとめましたが、体中を骨折し、骨盤の骨折で背丈が20cmも縮んでしまい、月経は二度と来ませんでした。歩けるようになるまで、2、3年かかりました。養女といっしょにあちこちの村を転々としながら裁縫や、物乞いもしました。小さな娘は私の手を引いて歩き、身の回りの世話もしてくれて、本当に苦労をかけました。

中国人として初めて日本軍による性暴力被害を訴えたのは、1992年の国際公聴会の時です。96年に再び各地で証言をした時、日本の友人たちに「日本政府を相手に裁判をしたい」という願いを打ち明けました。98年に提訴。私が娘に養女であることや自分の受けた被害について話したのは、96年になってからです。

最近うれしかったのは、地元の太原を中心に市民の支援運動が始まったこと。私たち被害者は高齢で病気がちですが、励まし合いながら、まだまだ日本政府と闘い続けます。
(2013年9月4日 死去)

山西省・性暴力被害裁判の原告として来日
提供：山西省・明らかにする会

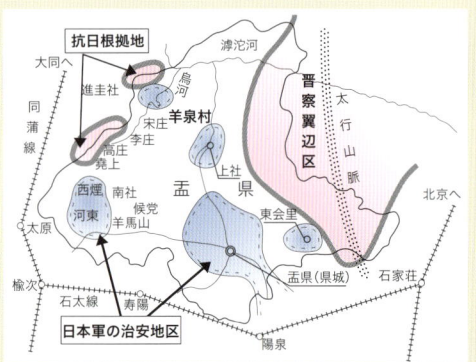

「北支那方面軍占領地域内治安状況図」(1942年9月)より作成

万愛花さんが3回監禁されたヤオトン(横穴式住居)とその室内
提供：山西省・明らかにする会

原告の大娘(ダーニャン、山西語で「おばあさん」)たちとともに　撮影：上甲悦子

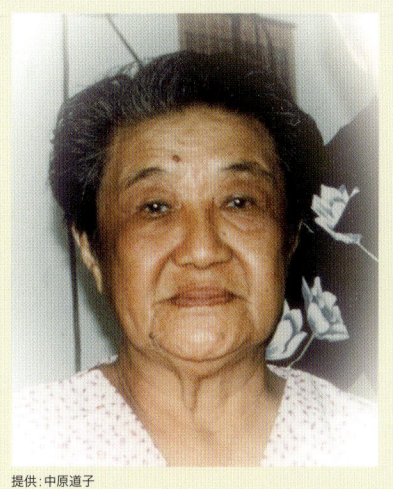

マレーシア
ロザリン・ソウ (Rosalind Saw)
1916年　ペナン島生まれ

一日中、裸でベッドに横たわっていた日も。
ある日、日本兵の子どもを妊娠してしまいました。

提供：中原道子

中国人の父、ビルマ人の母の間に生まれる

　当時、ペナンはイギリスの植民地でした。男性たちの娯楽といえば競馬に賭博に酒、そして女遊び。金持ちの中国人の中には第二夫人、第三夫人を持つ人が多く、ビルマ人の私の母も正妻ではありませんでした。でも、優しくてハンサムな父は、時々訪ねてきては私をとてもかわいがってくれました。

　大きくなると私は女子修道院付属の学校で教育を受け、英語を学びました。18歳で母や叔母たちが決めた男性と結婚。しかし夫は女遊びで何日も家に帰ってこなくなり、25歳の時に2人の子どもを抱えて離婚しました。

子どもをもぎ取られて慰安所へ

　1941年12月8日未明、日本軍はマレー半島のコタバルに上陸を開始しました。1943年のある夜、ジェルトンに日本兵がトラックでやってきて、家々から若い女性を引きずり出しました。日本兵は私の腕から乳飲み子を奪いとり、私を無理やり緑色のホロがかけてあるトラックに押し込みました。女たちは所々で5、6人ずつ降ろされ、私はジャラン・ビルマにあるトンロックホテルに連れていかれました。

慰安所の前でロザリンさん。「軍専用」の看板が見える　提供：Rosalind Saw

馬来軍政監部の「軍政規定集」。慰安所には「軍専用」と「軍利用」の慰安所があった

「バナナマネー」と呼ばれた軍票。「慰安婦」にお金は渡されなかったが、ごくまれに軍票がチップで渡された。戦後、ただの紙屑に

マレーシアで確認されている慰安所
出典：林博史「マレー半島における日本軍慰安所について」『自然・人間・社会』第15号

日本兵の子どもを妊娠・出産

　ホテルは陸軍専用の慰安所で、50人ほどの女性がいました。中国人がほとんどで、マレー人は3、4人でした。私は「ハナコ」という日本名をつけられました。「おばさん」と呼んでいた年配の日本人女性が私たちを管理し、週一度の性病検査以外は外出もできませんでした。休日には朝からひっきりなしに兵隊がやってきて、服を着る暇もなく一日中裸でベッドに横たわっていました。午前と午後は兵隊が、夜は将校が泊まっていきましたが、将校には残忍で乱暴な人が多くいました。

　コンドームを着けない日本兵がいて、1944年に妊娠。「おばさん」に病院で出産できるよう頼み、1945年2月に病院で女の子を出産しました。出生届に父親の名前を書くように言われて困っていると、病院の事務員の日本人が名前を貸してくれ、「ローズ・サカモト」として出生届を出すことができました。1945年8月15日に日本が無条件降伏し、やっと地獄の生活から解放されました。

苦労に苦労を重ねた戦後

　子どもを育てるため、私は50歳までファーカル街にあるダンスホールで働きました。イギリス人に結婚を申し込まれましたが、ペナンを離れるのがいやで結婚しませんでした。子どもたちが自立してひとりで暮らしていたある日、ハンドバッグもお金もアパートの鍵も奪われ、記憶を失ってペナンの町を放浪していた時に警察に保護され、タイピンの老人ホームに入れられました。そこが、人生最後の家でした。

　私は戦後、誰にも過去を話さずひとりで苦しんで生きてきましたが、東京で開催された「女性の人権アジア法廷」(1994.3)を報道した「The Star」の記事を読み、同じ境遇の女性たちが勇気をふるってたくさんの人たちの前で苦痛に満ちた体験を話したことを知り、名乗り出る決心をしたのです。(2002年 死去)

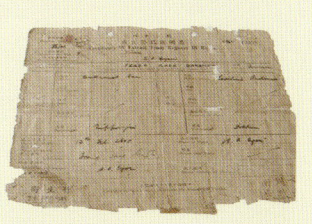

上：娘ローズの出生証明書。出生年月日は「紀元2605年2月12日」、国籍の欄には「日本人」と記された
左：ロザリンさんの証言を取り上げたマレーシアの英字新聞 The Star (1994.11.14)

第2章　「慰安婦」制度の被害と実態

Q 戦後、「慰安婦」はどうなったのですか？

置き去りにされた「慰安婦」

　日本の敗戦によって戦争は終わりましたが、多くの「慰安婦（いあんふ）」が連行地に置き去りにされました。中には自力で祖国に帰った女性もいますが、言葉も地理も習慣もわからない土地に投げ出され、生きるために現地の男性と結婚した女性もたくさんいます。

　韓国には1990年代後半から、半世紀の時を経て帰国する女性たちが出てきましたが、今も人知れず現地で生きている女性や、故郷に帰ることなく亡くなった女性もいます。

連合軍の捕虜になったものの帰国を拒み、連行された沖縄で戦後を生きた朝鮮半島出身の裴奉奇（ペ・ポンギ）さん　撮影：川田文子

連合軍の捕虜に

　激戦地では戦闘に巻き込まれて死亡したり、日本兵の「自決」の巻き添えになって亡くなった女性もいます。南方の慰安所に連行された朝鮮や台湾の女性たちの中には、日本の敗戦時に連合軍に捕らえられ、捕虜収容所に入れられた人もいました。

　彼女たちは尋問を受けた後に祖国に送り返されましたが、なかには「慰安婦」だったことを恥じて帰国船に乗ることを拒んだ女性もいます。

尋問される朝鮮人「慰安婦」（中国雲南省拉孟 1944年9月）

心身に重い後遺症

中国山西省で被害を受けた侯巧連さんは、生涯、強いPTSDに苦しんだ　撮影：信川美津子

　「慰安婦」にされた女性たちは心も体もボロボロになり、戦後、つらい生活を送りました。多くの女性たちは不妊症になり、内臓疾患や女性特有の子宮の病気、慰安所でうつされた性病の後遺症などで苦しみました。

　また、当時を思い出すたびに心が激しく乱れ、頭痛や動悸、悪夢に悩まされるなど、強いPTSD（心的外傷後ストレス症候群）に苦しみました。そのため、精神の錯乱や家庭内暴力に陥った女性もいます。

「人間の尊厳」を取り戻す闘い

　「慰安婦」の被害は、彼女たちの人生をどん底に突き落とした「人生被害」です。貞操観念の強い社会で育った女性たちは「慰安婦」にされたことを人に知られまいと、帰国しても故郷に帰れなかったり、家族にさえも話さなかった女性がたくさんいます。なかには「日本軍の協力者」と非難され、自殺に追い込まれた女性もいました。

　日本政府が何の手立てもとらないできた長い歳月、女性たちの苦しみは何ひとつ解決されることはありませんでした。女性たちは、被害から半世紀以上を経て「生きているうちに尊厳の回復を！」と訴えています。それは人間としての尊厳と、奪われた人生を取り戻したいという強い思いからです。

韓国では毎週水曜日に、ソウルの日本大使館の前で日本政府に真の謝罪や補償などを行うように訴える集会が開かれている　撮影：信川美津子

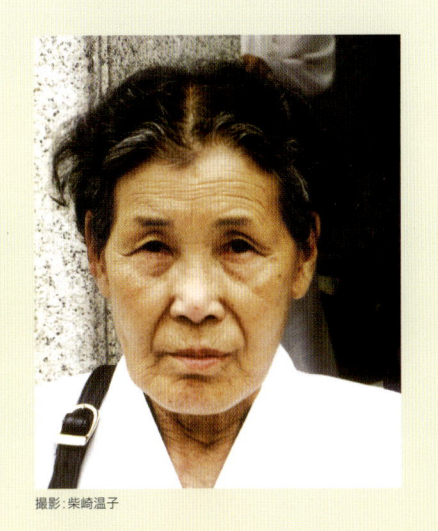

韓国

金学順（Kim Hak-Soon）

1924年　中国吉林省生まれ

私の純潔を奪い、私をこんなにした奴らをズタズタに引き裂いてしまいたい。

撮影：柴崎温子

妓生の家へ養女に

私は中国で生まれましたが、生後まもなく父が亡くなり、母と私は平壌（ピョンヤン）に戻りました。貧しい暮らしでしたが、平壌の教会が運営する無料の学校に4年間通いました。14歳の時、母が再婚。私は継父と折り合いが悪く母にも反抗的になり、妓生の家へ養女に出されました。そこから姉さん（1歳上の養女）と妓生券番（キーセン）（妓生の養成学校）に入学しました。

日本軍のトラックで慰安所へ

券番には2年通って卒業しましたが、妓生の営業許可が下りるのは19歳から。私はまだ17歳でした。養父の金泰元は中国で稼ごうと考えたらしく、1941年、私たちを北京へ連れていきました。ところが北京の食堂を出たところで養父はスパイと疑われて日本兵に連行され、私と姉さんは兵隊のトラックに無理矢理乗せられて「テッペキチン」（鉄壁鎮？）へ連れていかれたのです。そこで私は軍人に服を引き裂かれ、力ずくで処女を奪われました。

その家には他に3人の朝鮮人女性がいて、私は「アイコ」と名づけられました。それは惨めで恐ろしい毎日でした。軍人たちが1日に10人、多い時には30人もやってきました。私の頭を自分の股ぐらに押し付けて性器をしゃぶれと迫る軍人もいれば、ことが終わると洗面器の水で自分の性器を洗えと命じる軍人もいました。反抗するとひどく殴られました。サック（コンドーム）は軍人たちが持ってきて、1週間に1回は軍医に性病検査をされました。

お金をもらったことはありません。2カ月後、さらに田舎じみた所の慰安所に移されました。

日本政府への怒り

私は慰安所から逃げ出すことばかり考えていました。幸い新しい慰安所に移って1カ月ほど経った頃、慰安所にやってきた朝鮮人男性に懇願して、夜中に脱出できました。彼は銀銭商人だと言っていましたが、アヘンの仲介をしていたのだと思います。私たちは中国各地を転々としました。やがて上海のフランス租界に落ち着き、1943年に娘が、45年に息子が生まれました。46年に船で帰国。ところが娘がコレラで死に、53年には夫が事故で死にました。ただ夫にはあまりにも苦しめられたので、それほど悲しくありませんでした。夫は酒を飲むと息子がいる前でも「不潔な女」「軍人相手をしていた」など、胸をえぐるようなことを言ったのです。たったひとり残された息子ですが、その子は国民学校4年生の時、心臓麻痺で死んでしまいました。

私も死のうと思って何度も薬を飲みましたが、死ねませんでした。それからはあちこち放浪して酒とタバコに浸り、こんな生活はやめようと、家政婦をはじめたのが50代半ばです。今は生活保護で暮らしています。

1990年、日本政府が「慰安婦」を連れ歩いたのは民間業者だと言っているというニュースを聞いて怒りがこみあげてきました。なぜそんなウソを言うのか。それで「慰安婦」にされたと名乗り出る決心をして、1991年、日本政府を訴える裁判を起こしました。記憶を蘇らせるのは本当につらいことですが、事実は歴史に残さなければなりません。将来に絶対このようなことがあってはならないからです。

（1997年12月 死去）

朝日新聞（1991.12.6）

上：1992年12月に東京で開かれた「日本の戦後補償に関する国際公聴会」で金学順さん（中央）は、証言を終えた北朝鮮の金英実さん（左）に駆け寄り、抱き合って号泣した　撮影：李文子

下：1991年12月6日、金学順さんほか8名の被害者が東京地裁に、日本政府へ謝罪と補償を求める裁判を起こした。出廷する金学順さんと「慰安婦」被害者たち　撮影：李文子

日本の国会前でハンガーストライキをする金学順さん。金さんは喘息の持病と闘いながら証言集会で語り、日本政府への抗議行動の先頭に立った。1996年9月には橋本首相にあてて責任ある解決を求める手紙を出したが、返答はなかった　撮影：柴崎温子

第2章　「慰安婦」制度の被害と実態

在日（韓国）

宋神道 (Song Shin-do)

1922年　忠清南道生まれ

たとえ裁判負けても、宋神道の心は絶対負けてないから。

撮影：川田文子

婚礼の夜、男が怖かったばっかりに

1922年11月24日、忠清南道論山郡(チュンチョンナム ド ノンサン)で生まれました。数えで16歳の時、母親が決めた結婚相手と式を挙げましたが、その夜、チマチョゴリを脱がされた途端、怖くなって逃げ出しました。実家にも帰れなくて途方にくれていた時に、「戦地に行けば結婚しなくてもひとりで生きて行ける」という言葉に騙(だま)されて、たくさんの軍人の相手をする羽目になったんです。

死にたくなかった

最初に連れていかれたのは、武昌(ウーチャン)の「世界館」という慰安所でした。まだ何もわからない、ままごと遊びをしているような子どもでした。性病の検査台に乗せられた時には、恥ずかしいやら、恐ろしいやら、痛いやら。検査器は入らないし、あんまり暴れたので、軍医もお尻をぴしゃりとはたいて下ろしてくれました。

逃げようとしても帰る道もわかりません。最初は泣いてばかりいましたが、軍人の言う通りにしなければ帳場の人に殴られる。軍人には刀で脅される。命が惜しくて、死ぬのだけはいやでした。だから日本語も必死におぼえて、はたかれないように、殺されないように、一生懸命やりました。

40代の頃、和服姿の宋さん
提供：宋神道

妊娠して漢口(ハンコウ)の慰安所に移って出産しましたが、慰安所では育てることはできません。子どもを他人に預けて、岳州(がくしゅう)に移りました。長安、応山、蒲圻と、軍から命令が出ると、軍人が運転するトラックで連れていかれ、弾が飛んでくる中でも軍人の相手をしなければなりませんでした。気の荒い軍人たちから、毎日毎日ビンタとられて、ほっぺたにはタコがよって、今じゃなんぼ叩かれても痛くありません。鼓膜が破れて、耳も片一方しか聞こえません。腕には「金子」と刺青され（29ページ参照）、わき腹と大腿部には刀で斬りつけられた跡が残っています。

裁判して少しは人間らしくなった

戦争が終わった時は咸寧(シェンニン)にいました。日本の軍曹が「結婚していっしょに日本にいこう」と言うのでついていきましたが、日本に着いた途端に放り出されました。右も左もわからない日本で、どうすればいいかわからず、列車から飛び降りました。在日朝鮮人に救われて宮城県で暮らすことになりましたが、面倒を見てくれたじっちゃんが亡くなった後は独り暮らしです。

近所に住む元軍人たちは恩給をもらって大いばりで暮らしています。戦地に引っ張っていく時は「御国のため、御国のため」と言っておいて、今になって、なして「朝鮮人」だの「慰安婦」だの「生活保護」だのと差別をつけるのか。これを考えると悔しくて夜も眠れない、死んでも死に切れません。

だから1993年4月、裁判に訴えました。裁判をはじめてから、たくさんの人の前で体験を話しました。信用してもらえるかどうか心配でしたが、みんな涙を流しながら心から聞いてくれました。半分は気持ちが晴れました。人の心の一寸先は闇です。慰安所で7年、日本に来てからも50年以上、人の心が信じられずに生きてきました。でも、裁判かけて、体験を話してから、少しは人間らしくなれたと思っています。

宋神道さんがたどった経路
※地図内の破線は現在の国境線

敗戦後、宋さんは元日本兵に結婚しようと騙され、漢口から船に乗り博多に着いた

朝日新聞夕刊(1999.2.18)

「元慰安婦は納得するのか！9・17集会」後のデモ（1994年）　撮影：李文子

東ティモール

イネス・デ・ジェスス
（Ines de Jesus）

エルメラ県ラサウン生まれ

誰にも話せなかった慰安所での生活、日本兵に奪われた赤ちゃん……今語ることは恥だと思わない。

提供：HAK/東ティモール全国協議会

イネスさんが住んでいるラサウン村
提供：HAK/東ティモール全国協議会

戦争が始まる前、私は両親と田んぼや畑を耕していました。畑にはトウモロコシやキャッサバを植えていました。母から習ったタイスも織っていました。ところが日本軍がやって来ると、軍用物資の運搬、道路の建設、木の伐採、草刈りなどに駆り出されるようになりました。ボボナロに連れていかれた時は兵舎も建てました。ライフン村のマルタ・アブ・ベレさんとは兵舎建設や道路工事でいっしょになりましたが、監視の目が怖くて話はできませんでした。

ボボナロ・オアト村の慰安所で

私たちは昼も夜も働かされました。女たちはある家に入れられました。近所に住んでいるマダレーナさんもいっしょでした。ボボナロのオアト村のその家—「慰安所」には、狭い部屋がたくさんありました。当時私はまだ子どもで胸もふくらんでいませんでしたが、日本兵は一晩に4人から8人、代わる代わるやって来ました。私はひとりでこの全員を相手にしなければならないのです。それが終わると立つことはおろか、動くこともできませんでした。私は死んだように眠るだけでした。中には逃げ出した人もいましたが、私にはできませんでした。なぜなら私を日本軍に引き渡したのは村の長だったので、私の名前や家は知られていたからです。性器が痛くて歩くことさえできない時も、拒むことはできませんでした。ただただ日本兵が怖かったのです。

慰安所には十分な食べ物がありませんでした。私たちは1人ずつ家に帰され、家から食べ物を運び、それを皆で食べました。両親には病気になったことも話せませんでした。

やがて私は妊娠し、慰安所で子どもを出産しました。女の子でカイブティと名付けました。その子が3カ月になった頃、日本軍が撤退しました。私はその子を連れて家に帰ろうとしたのですが、道の途中でその子が、私の腕から日本兵に奪われてしまいました。その子がどうなったのか、知るよしもありません。

私たちにはどんな報酬も払われませんでした。兵士たちは傍若無人に私たちに乗り降りし、ひどく野蛮で、動物でさえ私たちよりましな扱いを受けていたと思います。私たちはセックスを強要されるほか、時には伝統的な踊り（tebe-tebe）や歌など、娯楽を供することも求められました。私たちは自分たちが狂っていくような感じがしました。

私の体験のすべてを知ってほしい

私の体験を知るのは両親だけで、死んだ夫にも話しませんでした。2000年の女性国際戦犯法廷の時にフォクペルス（東ティモール女性連絡協議会）のナタリアさんが来たので、初めて話しました。2006年1月の「慰安婦」公聴会はよかった。言葉の問題があったので、同郷のカルメリータさんとばかりおしゃべりしていましたが、公聴会で証言できてうれしかったです。私はもう老いたので、すべてを知ってほしい。今では自分の体験を語ることを恥だとは思いません。日本政府にはきちんと謝罪してほしいし、私たちの生活にも目を向けてほしいと思います。

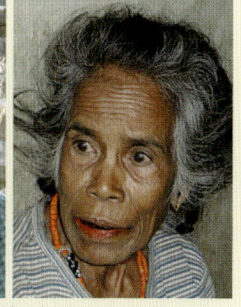

タイスの織り方を見せるイネスさん。今は目が悪くなって織らなくなったが、その技は娘が引き継いでいるという　提供：HAK/東ティモール全国協議会

左：ディリで開かれた「〈従軍慰安婦〉の歴史を知ろう」公聴会（2006年1月）で証言するイネスさん　撮影：大谷猛夫
中：イネスさんの友人マダレーナ・デ・ジェススさん。イネスさんと同じオアト村の慰安所に入れられたマダレーナさんは、「日本兵はおとなしくしないと首を締めて殺すと脅した」と語った　提供：HAK/東ティモール全国協議会
右：イネスさんの友人で、被害を目撃者したカルメリータ・モニスさん。「日本軍の命令を受けてイネスさんとマダレーナさんを連行したのは、当時アッツァベのリウライ（王）だった夫、ドミンゴスだった」とカルメリータさんは、2006年1月の「慰安婦」公聴会で証言した。マルタさんもドミンゴスによって、日本軍に引き渡されたと語っている。ドミンゴスは戦後ポルトガル政府によってアタウロ島に流された　提供：HAK/東ティモール全国協議会

第3章 日本政府の対応と、各国・国際機関の反応

　「慰安婦」問題が浮上して以来、国連人権委員会や自由権規約委員会、女性差別撤廃委員会、国際労働機関（ILO）条約勧告適用専門家委員会などの国連機関、国際法律家委員会（ICJ）やアムネスティ・インターナショナルなどの国際NGOが日本政府に対して数々の勧告を行ってきました。しかし、日本政府は「女性のためのアジア平和国民基金」（「国民基金」）をもって「すでに道義的責任は果たした」として、勧告に向き合おうとはしていません。

　「国民基金」は2007年3月末をもって事業を終了し、解散しましたが、そこには多くの問題が残されています。「国民基金」が被害女性たちの間や、被害女性と支援団体の間に分裂や混乱を招いた傷跡は計り知れません。各国での事業が「慰安婦」被害者の尊厳の回復の助けになったかを考えると大きな疑問がわきます。

　この20年の間にアジア各国の被害女性たちは、日本政府に謝罪と賠償を求めて10件の民事訴訟を起こしましたが、最高裁判所はすべての訴訟に原告の請求棄却という判決を言い渡しました。補償立法による被害者の救済も実現せず、政治家による歴史を否定する発言・暴言は後を絶ちません。このような日本政府や司法の動きに対して、アジアの被害各国の政府と社会はどのような対応をしてきたのでしょうか。国際社会や国連の人権機関のさまざまな動きを通して、日本は今、何をすべきかを考えていきましょう。

「国民基金」に反対し、日本政府の正式な謝罪と賠償を求めてデモをする韓国の被害女性たち。1992年1月に始まったソウルの日本大使館前での水曜デモは、阪神大震災後と東日本大震災後の2回を除いて休むことなく続けられている　撮影：信川美津子

被害者を置き去りにした日本政府

「慰安婦」としてアジア各地に連行された朝鮮女性たちは、日本の敗戦によって解放されたものの、日本政府・軍は彼女たちを帰国させるための措置を何らとりませんでした。異国に取り残された女性たちは連合軍の捕虜になって帰還したり、自力で帰国しましたが、現地に留まらざるを得ない女性も多数いました。

敗戦が確実になったころ、日本政府・軍は被害者の安全な帰還ではなく、加害証拠の焼却に懸命になっていたのです。

敗戦直前、陸海軍・内政に関する公文書の焼却命令は、口頭で伝えられた。「山崎内務大臣時代を語る座談会」（1960年9月6日／自治大学校史料編集室）

平和条約・二国間条約でも置き去りに

戦後、極東国際軍事裁判（東京裁判）が連合国によって行われましたが、「慰安婦」制度の責任者は処罰されませんでした（14ページ参照）。また、日本は1951年にサンフランシスコ講和条約に調印して国際社会に復帰しましたが、その講和条約でも、また1965年に朴正煕（パクチョンヒ）軍事政権と締結した日韓条約でも、「慰安婦」問題については取り上げませんでした。一方、朝鮮民主主義人民共和国とは国交正常化交渉が進まず、2002年に日朝平壌（ピョンヤン）宣言が発表されたものの、具体的な話し合いは凍結したままです。

被害者の怒りと勇気ある告発が「嘘」を暴いた

1990年6月、社会党の本岡昭次議員（当時）が、国会ではじめて「慰安婦」問題について質問しましたが、日本政府の答弁は「慰安婦は民間業者が連れ歩いたもので、軍・政府は関与していない」というものでした。

このニュースを聞いた韓国の金学順（キムハクスン）さん（33ページ参照）は、1991年、「日本政府は嘘をついている」と「慰安婦」制度の被害者としてはじめて名乗り出ました。恥の意識から名乗り出ることのなかった被害女性が勇気をもって告発したことで、「慰安婦」制度という重大な人権侵害がはじめて明るみに出たのです。

「慰安婦」制度の被害者として名乗り出た金学順さんは、1991年12月、日本政府を相手に損害賠償を求めて提訴した
撮影：李foto

各国の被害者が「国民基金」反対運動に結集（1996.7.12）
撮影：信川美津子

慰安所での強制性を認める河野談話発表

1992年1月、吉見義明教授（中央大学）が、防衛図書館で軍の関与を明白に示す旧日本軍の文書を発見しました。直後に訪韓した宮澤喜一首相（当時）ははじめて謝罪。日本政府は1991年12月から2度にわたって調査を行い、1993年8月4日、河野洋平内閣官房長官（当時）は旧日本軍の関与を認め、「本人たちの意思に反して行われた」と強制性を認める談話（河野談話）を発表し、お詫びと反省の意を表明しました。

慰安婦関係調査結果発表に関する内閣官房長官談話
平成五年八月四日

（前略）今次調査の結果、長期に、かつ広範な地域にわたって慰安所が設置され、数多くの慰安婦が存在したことが認められた。慰安所は、当時の軍当局の要請により設置されたものであり、慰安所の設置、管理および慰安婦の移送については、旧日本軍が直接あるいは間接にこれに関与した。慰安婦の募集については、軍の要請を受けた業者が主としてこれに当たったが、その場合も、甘言、強圧によるなど、本人たちの意思に反して集められた事例が数多くあり、さらに、官憲等が直接これに加担したこともあったことが明らかになった。また、慰安所における生活は、強制的な状況の下での痛ましいものであった。

なお、戦地に移送された慰安婦の出身地については、日本を別とすれば、朝鮮半島が大きな比重を占めていたが、当時の朝鮮半島は我が国の統治下にあり、その募集、移送、管理等も、甘言、強圧による等、総じて本人たちの意思に反して行われた。（以下略）

日本政府は法的責任を認めず「国民基金」設置

しかし日本政府は、サンフランシスコ講和条約と二国間条約で賠償問題はすべて解決済みで「法的責任はない」と主張し、1995年7月「女性のためのアジア平和国民基金」（「国民基金」）を設立。国民から募金を募って「償い金」を支払うという事業を推進しました。しかし、多くの「慰安婦」被害者たちは「日本政府からの正式な賠償でなければ尊厳は回復されない」と受取りを拒否。韓国・台湾政府も、被害女性に「償い金」にかわる支援金を支払うなど、「国民基金」に反対する施策をとりました。

複雑で分かりにくい「国民基金」

「国民基金」は対象国が限られたうえ事業が複雑で、「総理の手紙」は「償い金」を受け取った人にしか渡されないなど、包括的ではありませんでした。2007年3月で「国民基金」は事業を終了し解散しましたが、被害女性たちの希望を無視した施策によって、再び「慰安婦」被害女性たちは置き去りにされたのです。

国民基金の「慰安婦」関連事業と対象国

被害国	国民基金の対象	事業内容
韓国	○	「償い金」200万円、「総理の手紙」、医療・福祉支援300万円支給。
台湾	○	「償い金」200万円、「総理の手紙」、医療・福祉支援300万円支給。
フィリピン	○	「償い金」200万円、「総理の手紙」、医療・福祉支援120万円支給。
オランダ	○	「償い金」・「総理の手紙」なし。医療・福祉分野の財・サービス支援として被害者に約300万円支給。
インドネシア	○	被害者個人ではなく、高齢者福祉施設の建設のため10年間で3億8000万円支払う。
被害者の名乗り出のある地域	×	北朝鮮、中国、マレーシア、東ティモール、ビルマ、パプア・ニューギニア、日本
慰安所が確認されているが、被害者の名乗り出がない地域	×	タイ、ベトナム、カンボジア、シンガポール、香港（中国）、インド、グアム、南洋諸島（ソロモン諸島、パラオ共和国、マーシャル諸島共和国、ミクロネシア連邦など）

（注）「国民基金」は、「償い金」は募金でまかない、医療・福祉支援事業およびインドネシア、オランダの事業は政府による資金で行った

日本で行われた日本軍性暴力被害者裁判

　日本軍による性暴力の被害女性たちは、沈黙をやぶり日本政府に謝罪と賠償を求めて次々と裁判を起こしました。しかし国家無答責（戦前の公権力による不法行為には国家は責任を負わない）や除斥期間(じょせき)といった理由で、すべてが棄却されています。

アジア太平洋戦争韓国人犠牲者補償請求訴訟

提訴人 ▶ 金学順ら「慰安婦」被害者9名と元軍人・軍属

1991年12月6日	東京地裁に提訴
2001年3月26日	東京地裁で請求棄却
2003年7月22日	東京高裁で請求棄却
2004年11月29日	最高裁で上告棄却・判決

撮影：李文子

　「慰安婦」にさせられたとはじめて名乗り出た金学順(キムハクスン)さんたちが提訴（金学順さんは1997年死去）。地裁判決は事実認定を行ったものの、法的主張は認めず請求を棄却。高裁では、強制労働条約違反、醜業条約違反などの国際法違反を指摘して、日本政府の安全配慮義務違反を認定。「国家無答責」の法理についても「現行憲法下では正当性、合理性は見いだしがたい」と高裁では初めて否定したものの、請求は棄却された。

フィリピン「従軍慰安婦」国家補償請求訴訟

提訴人 ▶ マリア・ロサ・ルナ・ヘンソン、トマサ・サリノグ、ヘルトルーデス・バリサリサら46名

1993年4月2日	18名が東京地裁へ提訴
1993年9月20日	28名が追加提訴
1998年10月9日	東京地裁で請求棄却
2000年12月6日	東京高裁で請求棄却
2003年12月25日	最高裁で上告棄却・不受理決定

撮影：柴崎温子

　フィリピンでの被害者の特徴は、家族が虐殺され、銃剣を突きつけられて日本軍駐屯地(ちゅうとんち)などへ拉致・監禁され性奴隷とされたことだ。被害者の7割は未成年者。1審で、9名の本人尋問が行われたが、裁判官は被害女性の首の傷跡の確認を拒否した。証人尋問は唯一、国際人道法学者・カルスホーベン氏によるもので「ハーグ条約3条は個人の請求権を定めたもの」との証言が行われた。上告棄却はクリスマスの日。「せめて、被害事実を認めてほしかった！」悲痛な叫びはつづく。

釜山「従軍慰安婦」・女子勤労挺身隊公式謝罪等請求訴訟

提訴人 ▶ 河順女ら3名の「慰安婦」被害者と女子勤労挺身隊7名

1992年12月25日	山口地裁下関支部へ提訴
1998年4月27日	山口地裁下関支部で一部勝訴
2001年3月29日	広島高裁で全面敗訴
2003年3月25日	最高裁で上告棄却・不受理決定

提供：関釜裁判を支える会

　韓国釜山(プサン)市などの日本軍「慰安婦」被害者3名と女子勤労挺身隊(ていしんたい)7名を原告とする裁判。韓国社会では「慰安婦」は長く「挺身隊」と同義語であり、性暴力被害者と軍需工場への強制動員被害者は混同されてきた。98年の下関判決は「慰安婦」原告の被害に対しては「徹底した女性差別と民族差別思想の現れ」と認定し、日本国に立法不作為による賠償を命じた。しかし挺身隊原告の請求は棄却された。広島高裁で敗訴。最高裁で棄却決定。

在日韓国人元「従軍慰安婦」謝罪・補償請求訴訟

提訴人 ▶ 宋神道

1993年4月5日	東京地裁へ提訴
1999年10月1日	東京地裁で請求棄却
2000年11月30日	東京高裁で請求棄却
2003年3月28日	最高裁で上告棄却・不受理決定

撮影：李文子

　宋神道(ソンシンド)さんは、在日韓国人被害者としては唯一の原告である。生活するうえでのさまざまな制約、差別・偏見のなかで裁判を継続するのは容易なことではなかった。地裁判決では、中国大陸において部隊とともに移動させられた7年間に及ぶ被害の事実が認定された。高裁では、はじめて「強制労働条約や醜業条約に違反した行為があり国際法上の国家責任が発生した」と認められたが、いずれも国家無答責、除斥期間を理由に退けられた。

「慰安婦」裁判キーワード

立法不作為　戦後の長い間、日本の国会が戦時中の性暴力被害に対する補償立法を行わなかったことなど、国会が本来行うべき立法をしないことの責任をいう。関釜裁判における山口地裁下関支部1998年4月27日判決は、慰安所制度の設営・維持・管理について日本軍の関与を認めた1993年の河野官房長官談話から3年が経過しても補償立法を行わなかった立法不作為を不法行為として、損害賠償請求権が発生すると認定した。

国家無答責　1947年に国家賠償法が施行されたが、それ以前に公務員が公権力を行使した際に伴う不法行為については、国家は損害賠償責任を負わないとする考え方で、戦前の判例で適用されていた。「慰安婦」裁判や戦後補償の裁判で国は、戦前の行為なので国家無答責の原則が適用されると主張してきた。しかし、この原則は戦前においてもその適用される場面は限定されていた。また、新しい憲法ができたもとでこのような非民主的な原則が用いられるべきかどうかは、現在も裁判で争われている。

除斥期間　「時効」とは、一定期間の経過によって権利が消滅（消滅時効）したり、権利を取得したりする（取得時効）制度であるが、「時効」が当事者の「援用」という意思表示を以ってはじめて効力が生じるのに対して、「除斥期間」は、当事者が持ち出さなくても一定期間の経過によって当然に権利が消滅するという考え方。日本政府はいくつかの「慰安婦」裁判で、戦後50年以上を経過しているので除斥期間の経過により損害賠償請求権は消滅したと主張した。

国際法上の個人請求権　国際法は国家と国家の法であるので、たとえ旧日本軍が国際法違反を行ったとしても、一個人が国際法を用いて請求を行うこと（国際法上の個人請求権）は認められていないと国は主張した。日本の裁判所もそのような誤った前提に依拠してきた。しかし1907年のハーグ陸戦条約3条（日本も批准）は、交戦国は戦闘員の違法行為が与えた損害はすべて国家が賠償すべきことを義務づけている。原告らは、カルスホーベン専門家証人（女性国際戦犯法廷でも証言）などの専門家の意見に基づいて、この規定が被害者の賠償請求権を確認した規定であると主張している。

オランダ人元捕虜・民間抑留者損害賠償請求事件

提訴人 ▶「慰安婦」被害者 1 名と元捕虜・抑留者 7 名

1994年 1月25日	東京地裁へ提訴
1998年 11月30日	東京地裁で請求棄却
2001年 10月11日	東京高裁で請求棄却
2004年 3月30日	最高裁で上告棄却・不受理決定

撮影：柴崎温子

　旧蘭印（インドネシア）でオランダ人 10 万人余の民間人が日本軍に抑留された。この被抑留者の中から、若い女性が「慰安婦」として徴発された。特に、生後間もない子どもから成人前の少年少女時代の 3 年余を抑留所で過ごした人たちのトラウマは、成人後もさまざまな障害をもたらした。ハーグ条約 3 条を基に、人道法の違反と損害賠償が国際法として従来から認められていると主張したが、1、2 審とも、国際法は個人の請求権を基礎付けるものでないとして棄却。上告も棄却された。

中国人「慰安婦」損害賠償請求訴訟

第1次

提訴人 ▶ 李秀梅、劉面換、陳林桃、周喜香

1995年 8月 7日	東京地裁へ提訴
2001年 5月30日	東京地裁で請求棄却
2004年 12月15日	東京高裁で請求棄却
2007年 4月27日	最高裁で上告棄却・不受理決定

撮影：信川美津子

　地裁では 21 回の口頭弁論が開かれ、原告 3 名の本人尋問（他の 1 名はビデオ証言）、2 名の意見陳述、国際法の学者証人の尋問が行われたが、地裁判決では事実認定も行わずに請求が棄却された。高裁では 11 回の口頭弁論が開かれ、控訴人 1 名と元日本軍兵士、歴史学者の証人尋問、控訴人 2 名の意見陳述が行われた。高裁判決では、事実認定されたが、法律論では国家無答責・除斥期間で敗訴となった。

第2次

提訴人 ▶ 郭喜翠、侯巧蓮（1999年5月死去）

1996年 2月23日	東京地裁へ提訴
2002年 3月29日	東京地裁で請求棄却
2005年 3月18日	東京高裁で請求棄却
2007年 4月27日	最高裁で上告棄却・判決

撮影：信川美津子

　地裁では 22 回の口頭弁論が開かれ、原告 2 名の本人尋問が行われた。判決では請求は棄却されたものの、詳細な事実認定と現在まで PTSD（心的外傷後ストレス症候群）の被害を受けていることが認定された。高裁では 8 回の口頭弁論が開かれ、控訴人（故・侯巧蓮長女）と現地で調査した証人の尋問が行われた。高裁判決では、地裁判決の事実認定と PTSD の認定は維持され、国家無答責の法理を排斥し、日本国の不法行為責任は認めつつ、日華平和条約で解決済みとして請求を棄却した。最高裁判決は「日中共同声明（第 5 項）で放棄した」として、棄却理由を変更して上告を棄却した。

山西省性暴力被害者損害賠償請求訴訟

提訴人 ▶ 万愛花、趙潤梅、南二僕（故人）ら 10 名

1998年 10月30日	東京地裁へ提訴
2003年 4月24日	東京地裁で請求棄却
2005年 3月31日	東京高裁で請求棄却
2005年 11月18日	最高裁で上告棄却・不受理決定

撮影：川田文子

　地裁では 16 回の弁論が開かれ、原告 10 名中 8 名の本人尋問と、被害地での目撃証人 2 名の証人尋問が行われた。地裁判決では請求は棄却されたものの、被害事実はほぼ全面的に認められ、日本軍による加害行為を「著しく常軌を逸した卑劣な蛮行」と断罪。立法的・行政的な解決が望まれる旨の異例の付言がなされた。高裁判決では地裁判決の事実認定と付言が再確認され、法律論でも論破したにもかかわらず、国家無答責で敗訴となった。

台湾人元「慰安婦」損害賠償請求訴訟

提訴人 ▶ 高寶珠、黄阿桃ら 9 名（うち 2 名は係争中に死去）

1999年 7月14日	東京地裁へ提訴
2002年 10月15日	東京地裁で請求棄却
2004年 2月 9日	東京高裁で請求棄却
2005年 2月25日	最高裁で上告棄却・不受理決定

撮影：岡野文彦

　1992 年、専門調査委員会による調査の結果、台湾人女性 48 名の被害事実が確認された（05 年 5 月現在 30 名）。台湾の被害形態には次の 2 種類が混在している。①働き口があると騙されて海外の「慰安所」に連行された漢民族の女性たち、②集落の近くに駐屯していた日本軍の雑用を言いつけられ、毎日出向く中でやがて強かんが継続された原住民の女性たち。日本政府の謝罪と賠償を求めた訴訟は、事実認定すらなかった 1 審判決を支持した 2 審判決が確定した。

海南島戦時性暴力被害賠償請求訴訟

提訴人 ▶ 陳亜扁、林亜金、黄有良ら 8 名（うち 2 名は係争中に死去）

2001年 7月16日	東京地裁へ提訴
2006年 8月30日	東京地裁で請求棄却
2009年 3月26日	東京高裁で請求棄却
2010年 3月 2日	最高裁で上告棄却・不受理決定

撮影：金子美晴

　日本軍は南進の基地と資源獲得のために 1939 年から海南島を占領。原告（海南島の少数民族女性）は駐屯地に拉致・監禁され、日本軍投降まで繰り返し性暴力を受けた。戦中の被害と戦後の日本政府の不作為について損害賠償を請求。地裁・高裁ともに事実は認められ、高裁では「破局的体験後の持続的人格変化」が認定された。「国家無答責」の法理は否定されたものの、日中共同声明（第 5 項）により賠償請求権が放棄されたとして控訴棄却。最高裁で棄却決定。

政治家によって繰り返される「慰安婦」否定発言

政府による否定発言から始まった

「慰安婦は民間業者が連れ歩いたもので、政府として調査はできかねる」。

この発言は1990年6月、本岡昭次参議院議員(当時)の国会質問に対する政府の答弁です。日本政府によるこの最初の否定発言に怒り、韓国の金学順(キムハクスン)さんが名乗り出て自らの被害を証言、日本軍「慰安婦」制度の真相究明につながりました。そして1993年8月、日本政府は2回の調査に基づいて、日本軍「慰安婦」制度の強制性と政府の責任を認める河野官房長官談話(37ページ参照)を発表しました。

総理大臣までが歴史をねつ造

しかし、その後も政治家による「慰安婦」制度の否定発言は後を絶ちませんでした。なかでも最大の暴言と言えるのは、2007年3月1日、安倍晋三総理大臣(当時)による「狭義の強制連行はなかった」というものです。現職の総理大臣によるこの暴言は瞬く間に世界に報道され、安倍総理大臣は河野談話の踏襲を余儀なくされました。ところが、安倍内閣は同月16日、(辻元清美衆議院議員からの質問主意書に対し)、「同日(注:河野談話が発表された1993年8月4日)の調査結果の発表までに政府が発見した資料のなかには、軍や官憲によるいわゆる強制連行を直接示すような記述も見当たらなかったところである」との答弁書を

現職閣僚(当時)による歴史否定・改ざん発言

年月日	場所	発言者	職務	発言内容	出典
1994.5.4	共同通信社のインタビューで	永野茂門(自民党)	法務大臣	「慰安婦は程度の差はあるが、米、英軍などでも同じようなことをやっている。慰安婦は当時の公娼であって、それを今の目から女性蔑視とか、韓国人差別とかはいえない」	1994.5.4 山陽新聞
1997.1.24	首相官邸での記者会見後、記者団に対して	梶山静六(自民党)	内閣官房長官	「日本で騒いでいる人は、学校でそのことについて習っているわけではない。当時、公娼制度というのが厳然とあったことを知らない。私たちより上の世代は知っているから従軍慰安婦といってもそれほど驚かない」「公娼になった人は貧しくて、多くは金のために行ったのだろう。戦地に行くと戦地加給金がもらえた。それから最後には、徴用や徴発とかがあった」	1997.1.25 毎日新聞
1998.7.31	農水相就任後初めての記者会見で	中川昭一(自民党)	農林水産大臣	(「慰安婦」問題について)「大半の専門家の方が納得できるような歴史的事実として教科書に載せるということに疑問を感じている。つまり、ないとも、あるともはっきりしたことが言えない」	1998.7.31 朝日新聞
2004.11.27	教育改革タウンミーティング イン 大分(内閣府主催)で	中山成彬(自民党)	文部科学大臣	「やっと最近になって従軍慰安婦とか、強制連行とか、そういう言葉が減ってきて本当に良かった」	2004.11.28 日本経済新聞
2005.6.11	教育改革タウンミーティング イン 静岡(内閣府主催)で	中山成彬(自民党)	文部科学大臣	「そもそも従軍慰安婦という言葉は当時なかった。その時代になかった言葉が、教科書に使用されていることは間違いなので、その間違った記述がなくなったことはよかったなと言ったわけである」	内閣府ウェブサイト(教育改革タウンミーティング イン 静岡・議事要旨)
2007.3.1	首相官邸で記者団に対して	安倍晋三(自民党)	総理大臣	「当初、定義されていた強制性を裏付けるものはなかった。その証拠はなかったのは事実ではないかと思う」「(強制性の)定義が(「狭義」から「広義」へ)変わったことを前提に考えなければならないと思う」	2007.3.4 朝日新聞
2007.3.5	参議院予算委員会で	安倍晋三(自民党)	総理大臣	「官憲が家に押し入っていって人を人さらいのごとく連れていくという、そういう強制性はなかった」「慰安婦狩りのような強制性、官憲による強制連行的なものがあったということを証明する証言はない」	第166国会 参議院予算委員会会議録3号
2007.2.19	衆議院予算委員会で	麻生太郎(自民党)	外務大臣	(米下院の「慰安婦」問題に関する決議案について)「私どもから見て、客観的な事実には全く基づいておりませんので……(略)甚だ遺憾なものだ」	第166国会 衆議院予算委員会会議録11号
2013.5.24	定例記者会見で	稲田朋美(自民党)	行政改革担当大臣	「戦時中は慰安婦制度ということ自体が悲しいことではあるけれども、合法であったということもまた事実であるということだと思います」	内閣府ウェブサイト(稲田内閣府特命担当大臣記者会見要旨)

閣議で決定してしまいます（ただしこの見解は事実と異なることが後年明らかになる）。この政府見解は、歴史の事実を否定したい政治家のよりどころになっており、2013年5月13日に「慰安婦制度は必要だった」と述べて物議を醸した橋下徹大阪市長も、「慰安婦」制度の事実を否定する根拠として何度も言及しています。

政府は否定発言に反論する義務がある

歴史の事実を否定する発言は、勇気を出して証言した被害者を再び傷つけ人権を侵害します。日本政府は現在も河野談話等でお詫びしたと主張していますが、現職閣僚による度重なる否定発言も放置され、その発言の撤回やそれに対する制裁はなされてきませんでした。河野談話には、「われわれはこのような歴史の真実を回避することなく、むしろこれを歴史の教訓として直視していきたい」と書かれています。政府は歴史の事実に基づいて反論し、誤った情報の拡散を防ぐ義務があると言ってよいでしょう。

2013年2月、安倍総理大臣は「軍や官憲による強制連行の証拠はない」と国会で答弁していますが、6月には赤嶺政賢衆議院議員による質問主意書の答弁で、政府は河野談話発表の時点で軍による強制連行を示す『バタビア臨時軍法会議の記録』関連資料を入手していたことが明らかになりました。日本政府は2007年の閣議決定の誤りを訂正し、歴史の事実を認める新たな政府見解を出すべきです。

歴史の事実を消すことはできません。そして被害者をこれ以上苦しめないためにも、私たちは一つ一つの否定発言に反論し、ただしていくことが求められています。

主要な政治家の否定発言

年月日	場所	発言者	職務	発言内容	出典
1996.6.4	「明るい日本」国会議員連盟発足後の記者会見で	奥野誠亮（自民党）	衆議院議員、元法務大臣	「軍は戦地への交通の便を図ったかもしれないが、強制連行なんてしていない」「当時は公娼が認められており、商行為として行われた」	毎日新聞 1996.6.5
				「従軍記者や従軍看護婦はいたが、従軍慰安婦はいない」	朝日新聞 1996.6.5
1996.6.4	「慰安婦」被害者の金相喜さんとの面会で	板垣正（自民党）	参議院議員	「当時は貧しさの中で公娼制度があり、恵まれない女性がいた。（慰安婦問題は）決してほめられたことじゃないし、お気の毒だと思うが、官憲が首に縄をつけて連れていったわけではない」「代償というか、おカネの支払いは？」（「一切ない」との金相喜さんの返答に対して）「そういう例があったとはまったく信じられない。当時の状態からそう判断する。政治家としての信念がある。日本人としての誇りもある。強制的に連れていったという客観的証拠はあるのか」	朝日新聞 1996.6.5
1996.9.19	松江商工会館で行った講演で	桜内義雄（自民党）	衆議院議員、前衆議院議長	「侵略をしたとか慰安婦を連れたとか書いているが、あれは侵略というより、やむにやまれぬ戦争だった」	中日新聞 1996.9.20
1996.9.21	衆院選立候補予定者の決起集会で	綿貫民輔（元自民党幹事長）	衆議院議員	「来年の中学校の教科書から、これまで触れられていなかった従軍慰安婦（の記述）が登場する。実際は従軍看護婦はいたけれど、従軍慰安婦はいなかった」	読売新聞 1996.9.22
1997.1.13	北九州市内で行った講演で	江藤隆美（自民党）	衆議院議員、元総務庁長官	（教科書の「慰安婦」記述について）「いつ、どこで日本の官憲が強制連行したという事実が明らかになっているのか」	中日新聞 1997.1.14
1997.2.5	自民党旧渡辺派の総会で	島村宜伸（自民党）	衆議院議員、元文部大臣	「おおむね現地の女衒が一役買って、中国の人なり韓国の人なりが集めていた。問題発言はしたくないが、本人の意思で、望んでそういう道を選んだ人たちがいる」	朝日新聞 1997.2.6
1997.2.5	自民党旧渡辺派の総会で	中尾栄一（自民党）	衆議院議員、元建設大臣	「食べるのに困っている人を女衒が組織的に集めたことがあるようだ」	朝日新聞 1997.2.6
2013.5.13	大阪市役所で記者団に対して	橋下徹（日本維新の会共同代表）	大阪市長	「銃弾が雨嵐のごとく飛び交う中で、命かけてそこを走っていくときにね、猛者集団といいますか、精神的にも高ぶっている集団はやっぱりどこかでね、まあ休息じゃないけれどもそういうことをさせてあげようと思ったら慰安婦制度っていうものは必要なのは誰だってわかるわけです」「慰安婦制度は必要だったということです。それが意に反するかどうかにかかわらず。軍を維持するとか軍の規律を維持するためには当時は必要だったんでしょうね」	朝日新聞デジタル 2013.5.14
2013.5.17	日本維新の会の代議士会で	西村眞悟（日本維新の会）	衆議院議員	「売春婦はまだ日本にうようよいる。韓国人。大阪の繁華街で『お前韓国人、慰安婦』と言ってやったらよろしい」	読売新聞 2013.5.18
2013.3.8	衆議院予算委員会で	中山成彬（日本維新の会）	衆議院議員	「日本人が朝鮮女性を20万人セックススレーブにした、性奴隷にした、こういうふうな看板がかけられている。これは私は、本当に日本人にとって屈辱だと思うんですよね。こういうことをさせちゃいけない」「大体、20万人もの女性をさらっていく、その親たちは一体黙って見ていたんでしょうかね」	第183国会衆議院予算委員会会議録10号
2013.5.14	国会内で記者団に対して	石原慎太郎（日本維新の会共同代表）	衆議院議員	「軍と売春っていうのはもうつきものでね、歴史の原理みたいなものでさ。日本の場合にもやっぱり貧しい人たちがたくさんいてね、お金をもうけるために一番チープで安易な手段として昔からあったわけでしょ」	朝日デジタル 2013.5.14

「個人の証言は検証しようがない。彼女たちが今は功成り名遂げミリオネアになっていたらそんなことは恥ずかしくて言い出せるわけがない。依然として貧乏しているから、これで少しでも金が入ればいいという思惑で、今度は肉体ではなしに自分の名誉を代償にして稼ごうとしているだけだ。そういうことは見え見えなのに、そういう人間の卑しい本性に引きずられて教科書に載せる必要が一体どこにあるのか」 出典：『「父」なくして国立たず』（光文社、1997.9）

アメリカの新聞に掲載された「慰安婦」を否定する意見広告

ここでは、アメリカの「ワシントン・ポスト」紙に掲載された「慰安婦」否定派による意見広告（2007年6月14日付）の全訳をご紹介します。

本書を読み進めてきた読者なら、この意見広告が「事実」と称する事柄は、ことごとく誤りであることに気づかれるでしょう。「慰安婦」否定派の主張がいかに歴史的事実を偽り、歪曲し、事実誤認に満ちているかを一問一答で解説したものに、『日本軍「慰安婦」制度とは何か』（吉見義明著、岩波ブックレット、2010）があります。詳しくはそちらを参照してください。

THE FACTS　事実

この有料意見広告の目的は歴史的事実を提供することである。

月末、「慰安婦の真実」を伝えると称する広告がワシントン・ポスト紙に掲載された。しかし、この発言に含まれる主張は「真実」とは程遠いもので、「事実」に基づくというより、どちらかと言えば、「信条」の産物のように見受けられた。

日本国民は、民主主義国家の盟友としての、また強力かつ信頼できる同盟国としてのアメリカ合衆国に、最高の敬意を抱いている。しかし、民主主義が効率的に機能するためには、個々の市民がそれぞれ妥当な結論を見出すことができるよう、言論・思想・学術研究・信仰の自由が保障されなければならない。これを可能にするためには、人々は、虚偽、歪曲、偏向、事実誤認ではなく、正しい事実にアクセスできなければならない。この意見広告はこれまで十分明らかにされていなかった「慰安婦」に関する歴史的事実をいくつか示し、尊敬されている本紙の読者が各自の結論を見いだせるようにするためである。

FACT 1　事実1

日本陸軍により女性たちが自らの意思に反して売春を強いられたことを積極的に示す歴史的文書は、これまで歴史家や調査機関によってひとつも発見されていない。政府や軍の指導者が出した戦時の命令を所蔵するアジア歴史資料センター所蔵資料の調査では、女性たちが「慰安婦」として働くよう強制的に狩り出されたことを示すものは何もなかった。逆に、女性たちの意思に反して労働を強制しないように民間仲介業者に警告する多くの文書が発見された。

1938年3月4日付けの陸軍通牒2197号は、陸軍の名義を不正に用いたり、誘拐に類するとされ得る徴集方法を明文で禁じ、このような行為をした者が処罰されたと警告している。1938年2月18日付けの内務省通牒（第77号）は、「慰安婦」の募集は国際法に従わなければならないとし、女性の奴隷化と誘拐を禁止している。同年11月8日付の通牒（第136号）は、さらに、21歳以上で、すでにこの職業に従事している女性のみ「慰安婦」として募集してもよいと命じている。女性の家族か親族の承認も要求している。

「慰安婦」の人数は20万人に達する（米国のメディアで頻繁に引用される論点）と主張するある歴史家は、反対に、この通牒は陸軍の積極的関与の証拠になると信じている。

画像：1938年3月4日付　陸軍通牒2197号

▶日本軍が女性たちに強制的に売春を強いたことを示す資料は多々あります。この広告では通牒を意図的に読み違えているうえ、文書番号のいずれも不正確です（例えば2197号は文書番号ではなく接受番号。正確には陸軍省副官通牒「軍慰安所従業婦等募集ニ関スル件」（陸支密第745号）。

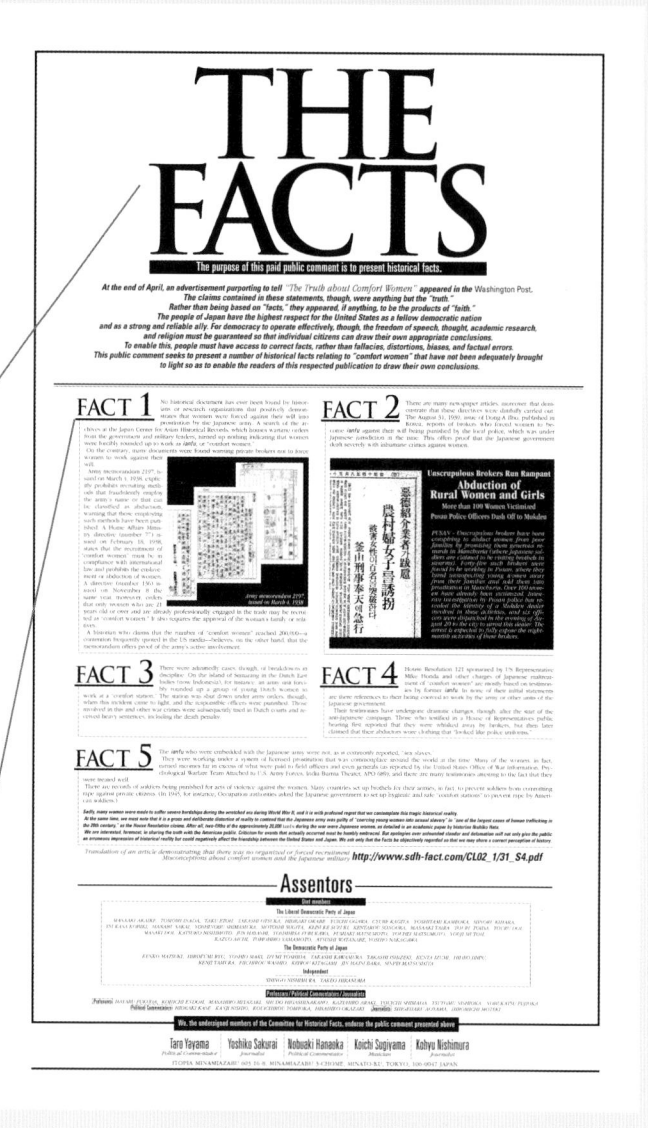

FACT 2　事実2

さらに、これらの指示が忠実に実行されていたことを示す多くの新聞記事がある。朝鮮で発行された1939年8月31日号の『東亜日報』は、女性の意思に反して「慰安婦」になることを強制した仲介業者が、当時日本の支配下にあった現地警察によって罰せられていることを報じている。これは、女性に対する非人道的な犯罪を日本政府が厳しく取り締まっていたことを示す証拠となる。

囲み記事　悪徳紹介業者が跋扈　農村婦女子を誘拐
　　　　　100名以上の女性が被害に　釜山刑事、奉天に急行

【釜山】悪徳仲介業者が、満州（日本兵が群れをなして売春宿にくると言われている）で高額な謝礼をするとの約束で、貧しい家庭の女性を拉致しようとたくらんでいる。45人のそのような業者が釜山で活動しており、純真な若い女性たちを誘い込んで家族から離し、満州の売春業に売ったことがわかった。100名以上の女性がすでに被害にあっている。釜山警察による徹底的な捜査の結果、これらの活動に関わっている奉天の業者1名の身元がわかり、8月20日の夜に刑事6人が業者を逮捕するため奉天に向かった。この逮捕は、これらの業者の悪夢のような活動を明らかにすることが期待されている。

▶引用された新聞記事には「慰安婦」を示す言葉は見当たりません。満州の売春業者に対して誘拐や人身売買によって女性を売った業者の取り締まりを報じたものです。

FACT 3 事実3

しかし、規律違反の例も確かにあった。例えば、オランダ領東インド（現在のインドネシア）スマラン島では、ある陸軍部隊が若いオランダ人女性のグループを強制的に駆り集めて慰安所で働かせた。しかし、この事件が明るみに出た時点で、この慰安所は陸軍の命令により閉鎖され、責任のある将校らは処罰された。この事件や他の戦争犯罪に関与した者は、のちにオランダ法廷で裁かれ、死刑を含む重い判決を受けた。

> ▶戦後のオランダによる戦犯裁判ではスマラン事件に関与した日本軍将校たちが処罰されました。しかし事件当時、日本軍は3カ月で慰安所を閉鎖したものの、責任者は処罰されるどころか出世しました（14ページ参照）。ちなみに、スマランは都市名で、「スマラン島」は存在しません。

FACT 4 事実4

マイク・ホンダ米下院議員らが提案した下院決議第121号や日本軍の「慰安婦」虐待（ぎゃくたい）に関するその他の告発は、元「慰安婦」の証言に基づいているものがほとんどである。彼女たちの最初の供述では、陸軍や他の日本政府機関によって強制されて働かされたとの言及はない。

しかし、反日キャンペーンが開始した後、彼女たちの証言は劇的に変化を遂げている。下院の公聴会で証言した者たちは、最初は業者に連れて行かれたと証言していたが、後に、誘拐した者は「警官の制服のような」服を着ていたと主張した。

> ▶「慰安婦」被害者のほとんどが、日本軍慰安所での強制を証言しています。2007年に米国議会下院の公聴会で証言したのは韓国の李容洙さん、金君子さんとオランダ出身のジャン・ラフ・オハーンさんで、自分たちを連行した者についての証言を何ら変えていません。

下院公聴会で証言した女性たち
出典：朝鮮日報web

FACT 5 事実5

日本軍に配置された「慰安婦」は、現在一般に報道されているような「性奴隷」ではなかった。彼女たちは、当時世界中で当たり前だった公娼制度の下で働いていた。実際、女性たちの多くは佐官、それどころか将官よりもはるかに高い収入を得ており（米陸軍インド・ビルマ戦域軍所属アメリカ戦時情報局心理作戦班APO689によって報告されている）、彼女たちの処遇は良かったという事実の証拠となる証言も多くある。

こうした女性たちに対する暴力行為のかどで処罰された兵士たちについての報告がある。実際、兵士が民間人を強かんするのを防ぐため、多くの国が軍用の売春宿を設置した（例えば、1945年に占領軍当局は米兵による強かんを防止するために、日本政府に衛生的で安全な「慰安所」を設置するよう要求した）。

悲しいことに、第二次世界大戦中の悲惨な時期に、多くの女性たちは過酷な苦難を経験させられた。そしてこの悲劇的な歴史の現実を、私たちは深い遺憾の意をもって熟視する。同時に、下院決議が主張するように、「20世紀における最大の人身取引事件のひとつ」において日本軍には「若い女性たちに性奴隷制を強制した」罪があると主張することは、甚だしい、意図的な現実の歪曲であることを私たちは指摘しな

ければならない。結局、歴史家、秦郁彦の学術論文で詳述されているように、戦時における約2万人の「慰安婦」のうちの5分の2は日本人女性だったのである。

何よりもまず、私たちはアメリカの公衆と真実を共有したい。実際に起こった事件に対する批判は、謙虚に受け止められなければならない。しかし、事実無根の中傷や名誉棄損に対する謝罪は、公衆に歴史の現実に対する誤った印象を与えるだけでなく、日米間の友好に否定的な影響をもたらすだろう。私たちは、歴史の正しい認識を共有できるよう、この「事実」が客観的に検討されることだけを求めるものである。

> ▶「慰安婦」が高収入を得ていたようにみえるのは激しいインフレのせいであり、女性たちは無価値の軍票をつかまされていました。公娼制度自体が性奴隷制ですが、「慰安婦」は居住、廃業、選客、外出、休業の自由もない、まさに「性奴隷」そのものでした。

横須賀に設置された占領軍のための慰安所（RAA）。日本政府が率先して準備したが、1946年3月に米軍の指示で閉鎖された 提供：横須賀市役所

Assentors 賛同者

国会議員

【自民党】愛知和男／赤池誠章／稲田朋美／江藤拓／大塚高司／岡部英明／小川友一／鍵田忠兵衛／亀岡偉民／木原稔／木挽司／坂井学／島村宜伸／杉田元司／鈴木馨祐／蘭浦健太郎／平将明／土井亨／土井真樹／戸井田とおる／西本勝子／林潤／古川禎久／松本文明／松本洋平／武藤容治／山本ともひろ／渡部篤／中川義雄

【民主党】石関貴史／泉健太／河村たかし／北神圭朗／神風英男／田村謙治／牧義夫／松木謙公／松原仁／吉田泉／笠浩史／鷲尾英一郎／松下新平

【無所属】西村眞悟／平沼赳夫

大学教授／政治評論家／ジャーナリスト　＊（ ）内の大学名は訳者が追加

【大学教授】福田逸（明治大学）／遠藤浩一（拓殖大学）／宮崎正弘（拓殖大学）／東中野修道（亜細亜大学）／荒木和博（拓殖大学）／島田洋一（福井県立大学）／西岡力（東京基督教大学）／藤岡信勝（拓殖大学）

【政治評論家】加瀬英明／西尾幹二／冨岡幸一郎／岡崎久彦

【ジャーナリスト】青山繁晴／茂木弘道

我々、以下に署名した「歴史事実委員会」のメンバーは、上記に示された意見広告を支持する。

屋山太郎（政治評論家）／櫻井よしこ（ジャーナリスト）／花岡信昭（政治評論家）／すぎやまこういち（作曲家）／西村幸祐（ジャーナリスト）

2012年11月4日付『スターレッジャー』（米ニュージャージー州の地元紙）の意見広告。安倍晋三自民党総裁が賛同者として名を連ねている。『ワシントン・ポスト』紙と内容はほぼ同じだが、事実3、事実4、占領軍の慰安所など、欧米に関わる部分は削除されている。

韓国
South Korea

韓国・ソウル近郊にあるナヌムの家でくつろぐハルモニたち。ナヌムの家は「慰安婦」の被害を受けた女性たちが共同で生活しており、近年は日本や韓国の若者たちが歴史を知り、交流するための重要な拠点ともなっている　撮影：信川美津子

女性たちが調査をスタート、そしてはじめての名乗り出

　朝鮮半島では1953年、朝鮮戦争の停戦とともに南北が分割され、韓国は軍事独裁政権の時代になりました。高まる民主化運動のなかで、韓国の女性たちは、国家権力による性暴力とも闘ってきました。1980年には梨花女子大学の尹貞玉（ユンジョンオク）さんが「慰安婦」調査をはじめ、1990年には37の女性団体による「韓国挺身隊問題対策協議会」（挺対協）が発足しました。そして、1991年8月、金学順（キムハクスン）さんが「慰安婦」被害者としてはじめて名乗り出たのです。現在、韓国政府には237名の被害者が登録されていますが、そのうち約7割以上の女性がすでに亡くなっています。

政府は日韓関係を重んじつつも、反省しない日本を批判

　当初、韓国・金泳三（キムヨンサム）政権は、日本政府に金銭賠償は要求せず、真の謝罪と反省を求めましたが、被害者や挺対協から反発を受けます。そして、1995年に日本政府が「国民基金」（37ページ参照）を発足させると、国家責任が不明確だとして「国民基金」を拒否する被害女性の立場と同じく、韓国政府も反対の立場をとりました。

韓国政府の手厚い「被害者」支援策

　1993年に韓国政府は「日帝下日本軍『慰安婦』に対する生活安定支援法」を制定、被害を受けた女性たちへの生活支援、無料医療支援など一連の福祉政策を施行しました。1998年には国民基金の「償い金」を受け取らなかった被害者に対して「国民基金」の支給額（「償い金」200万円、医療・福祉支援事業300万円）とほぼ同額の4300万ウォンを支給しました。そのほかに、女性家族省からは女性たちの精神的な被害を癒すための支援事業や、健康治療支援費、その後高齢化に伴う看病人支援費も追加されました。地方自治体も一定の支援をしています。

　2005年からは国外に住む韓国出身の被害者に対する支援事業もスタート、中国、日本などに住む被害者も支援しています。

1965年の日韓条約で「慰安婦」問題が取り上げられなかったことが明らかになり、改めて賠償を要求する条約を結ぶ決議案が韓国国会に提出された。「慰安婦」被害者の吉元玉さんと金順岳さんは、韓国の外交通商委員会会議で参考人として証言した（2007.2.22）
提供：韓国挺身隊問題対策協議会

真相究明も努力

　2004年、韓国政府は「日帝強占下強制動員被害真相糾明委員会」を発足させ、「慰安婦」を含むさまざまな日本の植民地下での被害に関する調査をスタートしました。2005年には1965年に締結された日韓条約に関するすべての公文書を公開し、韓国側の資料からは交渉過程で「慰安婦」問題が討議されなかったことがわかりました。韓国政府は真相究明とともに、日本政府に対して「慰安婦」問題に対する法的責任を追及していく立場を明らかにしています。

世界に広がる「慰安婦」決議

　2007年1月に米下院外交委員会に、日本政府に明確な謝罪などを求める決議案が提出され、2月には下院外交委員会のアジア・太平洋環境小委員会で開かれた公聴会で、韓国の「慰安婦」被害者、李容洙（イヨンス）さんと金君子（キムクンジャ）さん、オーストラリア在住のオランダ人被害者ジャン・ラフ＝オハーンさんが、その壮絶な被害体験を証言しました。彼女たちの証言は議員たちに強い衝撃を与え、168名の賛同を集めた決議案は7月30日に、米下院本会議において満場一致で可決されました。

　その後、日本政府に公式謝罪と賠償を求める動きは世界に広がり、被害女性たちはヨーロッパでも証言、オランダ議会下院、カナダ議会下院、EU議会でも同様の「慰安婦」決議が採択されました。2008年には韓国国会でも日本軍性奴隷制の公式謝罪および法的賠償を促す決議が採択されました。

憲法裁判所が下した「違憲」の決定と日韓関係

　金学順さんが「慰安婦」被害者として、韓国ではじめて名乗り出てから20年が経った2011年には、日韓関係は一大転機を迎えました。「慰安婦」被害者や支援者たちにとっても、この年の8月30日は忘れられない日になりました。この日、韓国憲法裁判所は、韓国政府が「慰安婦」問題の解決に努力をしないのは被害者の基本的人権を侵害する憲法違反だ、という決定を下しました。2006年に被害女性109人が出した訴えが認められました。

　この決定を受けて韓国政府は動き出します。9月15日には日本政府に二国間協議を提案。李明博（イミョンバク）大統領は12月の日韓首脳会議で野田首相に「慰安婦」問題の優先解決を求め、2012年3月1日の独立運動記念式典の演説でもこの問題に言及して、日本政府に問題解決を要請しました。しかし日本政府はそのつど「1965年の日韓請求権協定で解決済み」と繰り返すばかりでした。憲法裁判所の決定からほぼ1年経った2012年8月10日、李大統

左:「平和の碑」を囲むハルモニたち。碑文には韓国語、英語、日本語で、「1992年1月8日、日本軍「慰安婦」問題解決のための水曜デモが、ここ日本大使館前ではじまった。2011年12月14日、1000回を迎えるにあたり、その崇高な精神と歴史を引き継ぐため、ここに平和の碑を建立する」と記されている　提供:韓国挺身隊問題対策協議会

右:台湾の台北で開かれた第11回アジア連帯会議に参加した、馬英九総統(中央)と被害女性たち。右からエステリーダ・ディsenさん、金福童さん、陳桃さん。左端は台北市婦女救援基金会の黄淑玲さん。この会議で、金学順さんが名乗り出た8月14日を、日本軍「慰安婦」メモリアル・デーにすることが決まった　撮影:柴洋子

領が竹島(韓国名・独島)に上陸したことから領有権をめぐる日韓の対立は深刻さを増して、「慰安婦」問題への対応は平行線のまま、丸3年が過ぎようとしています。

世界各地に広がった1000回目の水曜デモと「平和の碑」

2011年は外交や政治の局面だけでなく、韓国社会全体で「慰安婦」問題への関心が高まりました。メディアはこの問題をクローズアップし、演劇や音楽の公演が行われ、学校の教育現場での取り組みも目立つようになりました。

2011年12月14日、水曜デモが1000回目に達した日には、世界10カ国75の都市で連帯行動が行われ、東京では1300人が人間の鎖で外務省を包囲。世界各地から、日本政府に向けて「慰安婦」問題の早期解決を求める声があがりました。そして挺対協はこの日、ソウルの日本大使館前の道路を「平和路」と名付け、そこにハルモニたちの闘いを記念する少女像、「平和の碑」を設置しました。日本政府はこの碑の撤去を韓国政府に求めましたが、李大統領は「このままでは第2、第3の像が建つだろう」と述べました。

実際、「平和の碑」の設置運動は海外の韓国人社会に波及して、アメリカに飛び火しています。アメリカでは記念碑設置の他に、街の通りにゆかりの名をつけたり、「慰安婦の日」を制定する動きもあり、地方議会の「慰安婦」決議も広がっています。すでにニュージャージー州パリセイズパークでは2010年に「慰安婦」の記念碑が建てられ、日本総領事館や訪米した自民党議員らが撤去を求めていましたが、2013年3月にはパリセイズパークを含むバーゲン郡の郡庁舎にも碑が置かれるようになりました。同年7月にはカリフォルニア州グレンデールにも設置されて、一部の日本人や日系人が抗議行動に出るなど、海外在住者の中での日韓対立を引き起こすまでに至っています。

3000人の市民が参加したソウルの1000回目の水曜デモ。韓国では仁川、釜山など30都市で、日本では15都市で連帯行動があった。それ以外の8カ国は、台湾、フィリピン、アメリカ、カナダ、ドイツ、ベルギー、イタリア、スコットランドの29都市　提供:韓国挺身隊問題対策協議会

待望の「戦争と女性の人権博物館」がオープン

2012年5月5日、挺対協が9年がかりで建設準備を進めてきた「戦争と女性の人権博物館」がソウル市麻浦区に完成しました。この間、国内外の20万人の支援者から約23億ウォンの建設募金が寄せられました。当初は西大門独立記念公園内に敷地を確保して、2009年には起工式まで行われましたが、独立運動団体や遺族会が「独立運動を貶める」と反対の動きをみせました。挺対協は「建設を遅らせてはならない」とそこを断念し、市内に最適の場所を探して建設にとりかかりました。

開幕式にはソウル市長や女性家族部長官、国会議員をはじめ、各界の500人余りが祝福に駆けつけました。招待されたハルモニたちは心からうれしそうでした。博物館は地下1階、地上2階の立派な黒レンガの建物で、ハルモニたちの被害体験を記憶し、語り継ぐための文書資料や写真、再現された慰安所内部などが展示され、タッチパネルで被害女性の証言映像や絵画作品、新聞記事なども見られるようになっています。日本政府はこの博物館の展示内容にもクレームをつけ、韓国政府による資金援助を批判しました。

「慰安婦」問題での日韓の対立は、"記憶をめぐる攻防戦"を激化させています。2013年7月にソウルで行われたサッカー東アジア杯・日韓戦では、韓国のサポーターが「歴史を忘れる民族に未来はない」と書いた横断幕を掲げ、これには両国政府が激しい応酬を繰り返しました。

「慰安婦」問題の解決に真正面から取り組まざるをえない韓国と、この問題から逃れ続けてきた日本。この亀裂を埋めるには、素直に歴史の事実に向き合うしかありません。世界の人々が、そのゆくえを見守っています。

「戦争と女性の人権博物館」の前庭で開かれた開館のセレモニー。2階のベランダは、亡くなったハルモニたちを追悼する場になっている。博物館の近くには民主化運動を担った世代が運営するユニークな共同体、ソンミサン村があり、街全体を巻き込んだミュージアム運動の展開も考えられている　撮影:池田恵理子

朝鮮民主主義人民共和国
North Korea

東京で開かれた国際公聴会で証言する金英実さん。この日、はじめて南北朝鮮の被害女性が対面した（1992.12.9 東京・神田パンセにて）
撮影：伊藤孝司

北朝鮮政府の調査と「慰安婦」被害者の名乗り出

　1992年5月24日、朝鮮民主主義人民共和国（北朝鮮）政府は「日本帝国主義の朝鮮占領被害調査委員会」（2000年に「朝鮮日本軍『慰安婦』・強制連行被害者補償対策委員会」に改称）を発足させ、「慰安婦」被害者への聞き取り調査を本格的にはじめました。1993年6月30日までに調査委員会に申告した被害女性は131名にのぼり、2014年の時点では220名が名乗り出ています。

　1993年当時に名乗り出た多くの女性たちは、公に姿を現すことを拒みました。家族や近所の人たちに知られることを恐れたからです。公開証言に踏み切ったのは、わずか40名ほどです。彼女たちの証言は、『踏みにじられた人生の絶叫』（「従軍慰安婦」・太平洋戦争被害者補償対策委員会編）に収録され、朝鮮語・日本語版として刊行されています。

40名の被害女性の証言が収録された『踏みにじられた人生の絶叫』

国連人権委員会 クマラスワミ報告書に取り上げられる

　1993年、被害調査委員会は「日本帝国主義による『従軍慰安婦』犯罪事件の真相調査中間報告」を発表し、日本政府に対する5項目の要求を公表しました。真相究明のための全面的調査と犯罪事実を認めて公式表明すること、責任者の刑事処罰、公式な謝罪表明、誠意ある補償措置などです。

　1995年7月に国連の調査団が平壌を訪問して政府から聞き取り調査を行いました。その内容は1996年に発表された、国連人権委員会「女性に対する暴力、その原因と結果に関する特別報告者」ラディカ・クマラスワミの報告書の付属文書「日本軍『慰安婦』報告書」にも反映されました。報告書では、チョン・オクスンさんやファン・ソギョンさんらの南北朝鮮の被害者の証言とともに、北朝鮮政府の代表が「国民基金」を批判し、日朝間に国交が回復されていないため、平和条約や二国間条約で解決済みという日本政府の主張は受け入れられないとして、すべての資料開示や賠償を求めたことなどが紹介されています。

ピョンヤンを訪問した調査団の代表と北朝鮮の被害者たち。左から3人目は朴永心さん
出典：『踏みにじられた人生の絶叫』

朝鮮にも作られた慰安所

　1999年に咸鏡北道の芳津で「銀月楼」という慰安所の建物が発見されました。朝鮮半島内で慰安所の建物が確認されたのははじめてでした。1930年代中頃に軍港である羅津港建設を請け負った南満州鉄道の企業慰安所として建てられ、軍配備後に軍専用となった慰安所です。この建物は病院として利用されています（2003年当時）。1930年代後半に建てられたもう一つの慰安所である「豊海楼」は、日本式建築の特徴である土台が残っています。

一部改装されたが、ほぼ当時のままの状態で残っている「銀月楼」。現在は診療室になっている入口右側に受付があり、その反対側壁面には女性たちの写真が貼ってあった　撮影：金栄

凍結する補償問題

　2002年9月17日、小泉首相と金正日総書記による日朝首脳会談が実現し、「日朝平壌宣言」が発表されました。日本は過去の植民地支配について「痛切な反省と心からのおわびの気持ち」を表明し、補償については国交が正常化された後に「経済協力の実施」を行うことで合意しました。しかし、首脳会談で金正日総書記が日本人拉致を認めて謝罪したことで拉致問題の解決を求める動きが日本国内に高まり、補償問題は凍結されました。

　2006年2月6日、3年4カ月ぶりに開かれた日朝国交正常化交渉では、北朝鮮の宋日昊大使が「一括妥結経済協力方式だけでは不十分」との見解を示し、個人補償が必要であることを表明しました。北朝鮮は「国民基金」の「償い事業」の対象国にもなっておらず、今日に至るまで、補償問題については何の進展もありません。

朝鮮民主主義人民共和国における「慰安婦」被害調査状況（中間報告1993.8）
※当時、名乗り出た被害者131名の被害実態

連行された当時の年齢
- 12歳～15歳：18名
- 16歳～19歳：63名
- 20歳～24歳：30名
- 25歳～29歳：6名
- 30歳以上：2名
- ※他の12名は確認できず

連行年
- 1929年～1940年：43名
- 1941年～1945年：73名
- ※他の15名は確認できず

連行・徴集方法
- 居住地又は旅行中に拉致：67名
- 「良い働き口を斡旋する」などの就業詐欺：44名
- その他借金のかたに民間の業者に売られた・「挺身隊」の名目で募集等

連行先
咸鏡北道青鶴（羅先市青鶴）、咸鏡南道杞撥（両江道杞撥）、慶尚南道昌原、全羅南道木浦、ハルビン、上海、天津、南京、牡丹江、奉天（瀋陽）、老黒山周辺、小興安嶺山脈周辺、錦州城、虎林、チチハル、石家荘、拉孟、フィリピン、インドネシア、シンガポール、台湾、ボルネオ、ビルマ、日本など

中国 China

第3章 日本政府の対応と、各国・国際機関の反応

八路軍紀念館の日本軍性暴力パネル展の開幕式には、山西省の大娘（ダーニャン、山西語で「おばあさん」）と日本のパネル展実行委員会が招かれた。ここでは1年半の開催期間中に18万人の来館者があった。八路軍紀念館は国立の一級博物館で、中国政府が指定する「教育基地」になっている　所蔵：wam

1990年代までの中国政府の対応

戦争直後、中国は日本軍による強かんや「慰安婦」犯罪を戦犯裁判で裁き、全国各地で戦争被害の実態調査（抗戦損失調査）を行いました。しかし、性暴力被害の記録はごくわずかしか残されていません。その後も抗日戦争の記録は国家的な事業として大規模に行われましたが、性暴力が記録される事例は被害女性が惨殺されるなど、残虐なケースだけに限られていました。

性暴力被害者への具体的な聞き取りは1990年代に入ってから、民間人によってはじめられました。中国政府は1992年に東京で開かれた「日本の戦後補償に関する国際公聴会」に万愛花（ワンアイファ）（30ページ参照）さんと侯冬娥（ホウトンオー）さんの参加を許可していますが、95年に北京で開かれた国連の世界女性会議では、中国人の性暴力被害者や関係者が会場に立ち入ることを許しませんでした。天安門事件につながるような民主化運動を警戒していた中国政府は、フェミニズムも危険視していました。

しかし銭其琛（チェンチーチェン）外相は日中共同声明について、「中国が放棄したのは国家としての戦争賠償請求権であり、中国人民の請求権は放棄していない」という見解を示して、中国人の日本政府を相手取った賠償請求裁判を認めています。また山西省の性暴力被害者への日本の市民グループによる聞き取り調査や裁判支援も、厳重な監視付きではありましたが黙認していました。ただ海外メディアによる中国人性暴力被害者への公式取材は極めて困難で、その理由としては「微妙な問題だから」と言うだけでした。

「慰安婦」問題への理解は2000年以降

中国に大きな変化があらわれたのは1990年代後半です。1998年から女性国際戦犯法廷（「法廷」）の準備がはじまり、2000年3月、上海で「慰安婦」問題国際シンポジウムが開催された時に、国際実行委員会がもたれました。12月に東京で開かれた「法廷」には3人の被害女性たちとともに8人の中国検事団が来日、かなり力の入った取り組みとなりました。

2000年以降はこの問題を取り上げる新聞やテレビの報道が目立つようになり、関連書籍や写真集も出版されるようになりました。桂林や南京からは、新たな被害者も報告されています。2007年、安倍首相（当時）が「慰安婦」の連行に狭義の強制

2000年3月に開催された上海の「中国『慰安婦』問題国際シンポジウム」。ここでは女性国際戦犯法廷の国際実行委員会も開かれた　撮影：西野瑠美子

性を否定した時には、当時の李肇星（リーチャオシン）外相は記者会見で、「日本政府は歴史の事実を認めて責任を負うべきである」と批判しました。7月には上海師範大学内に「中国"慰安婦"資料館」が開館、オープニング・セレモニーには被害女性に加えて、元日本兵との間に生まれた子どもも紹介されています。

各地に広がる　日本軍性暴力パネル展

中国の女性運動や民間のボランティアによる性暴力被害者への支援の動きは鈍いものでしたが、日本の市民による支援活動が活発な山西省では、2004年頃から地方政府による被害女性への生活支援や民間のカンパが行われるようになりました。

山西大学の講堂に集まったのは250人余りの学生や教職員。日本人を講師に招く大学でのこの種の講演会は、中国でははじめてだという（2007.3.30）　提供：山西省・明らかにする会

2009年11月には、山西省武郷の八路軍紀念館で日本軍性暴力パネル展として開催され、その後、北京の抗日戦争紀念館、西安（せんせい）の陝西師範大学、広州の民間会場、南京師範大学と、5カ所で開かれました。このパネル展は、日本の市民団体が被害女性の闘いを中国社会に伝えるために、wamで作られた中国展のパネルを中国語に翻訳したもので、今後も各地での開催が予定されています。

こうしたなかで、性暴力被害を「民族の恥」と捉えてきた市民の意識に変化がみられます。来館者からは闘う被害女性たちの勇気を称え、自国の戦争加害に向き合う日本の市民の活動に理解を示し、中国でこの問題に取り組むことの必要性を語る言葉が出てくるようになりました。

山西省太原市のタクシー運転手の団体「乗客之家」は募金活動を行い、農村を訪問して、性暴力被害者である大娘たちに食料や油を贈った（2004年6月）
提供：山西省・明らかにする会

フィリピン
The Philippines

請求が棄却された1998年10月9日、東京地裁の前で抗議するロラ（タガログ語で「おばあさん」）と支援者たち　撮影：柴崎温子

ラジオを通じての呼びかけで名乗り出る

フィリピンでは1992年7月に女性団体が集まって、「日本軍によるフィリピン女性の性的奴隷化に関する調査委員会（通称タスク・フォース）」を結成し、ラジオを通じて被害を受けた女性たちに、恥ずかしがらないで名乗り出るよう呼びかけました。それを聞いたマリア・ロサ・ルナ・ヘンソンさんは、フィリピンではじめて「慰安婦」被害者として名乗り出たのです。その後、169人（当時）の女性たちが続きました。

1993年4月、「慰安婦」にされた女性たち18人（後に28人追加）が日本政府に損害賠償を求めて提訴、1994年には被害女性たちと支援者の組織、リラ・ピリピーナ（フィリピンのおばあさんたちの連盟）が結成されました。

フィリピン政府は「国民基金」に協力

1995年に「国民基金」が設立されると、フィリピン政府は認定・支給に協力、1996年8月に4人の被害女性が「償い金」を受け取り、その後も続きました。

フィリピンは激戦地だったので、制度的な慰安所のほかに、兵士が好き勝手に少女や女性を強かんしたり、拉致して駐屯地に連行して性奴隷にするケースが多くありました。「慰安婦」の認定はフィリピン司法省が行いましたが、自宅で強かんされた女性や、ルソン島・マパニケ村の「赤い家」で集団強かんされた女性たちは被害者として認定されず、「国民基金」の対象外でした。

闘いを続けるロラ（おばあさん）たち

フィリピンでは、「国民基金」を受け取らないと決意した被害女性たちがマラヤ・ロラズ（自由なおばあさんたち）という別団体を組織、2000年には新たにロラズ・カンパニエラ（キャンペーンをするおばあさんたち）という団体も作られました。現在では集団強かんの被害者も含めて400人を越える被害女性が名乗り出ています。

被害女性たちは、日本政府が責任を認めて公式に謝罪・補償し、教科書に記述して伝えていくべきだとしてキャンペーンを続けています。また、高齢になった自分たちの生活や健康についてみんなで話し合ったり、子どもや孫が参加するグループ、「パマナ（継承者）」を作り、「慰安婦」被害を伝え、理解を求める支援活動を続けています。

「国民基金は政府の責任を回避するための欺瞞だ」と「償い金」の受け取りを最期まで拒否したトマサ・サリノグさん。2007年3月の安倍首相の暴言に抗議文を送った直後の4月6日に亡くなった　撮影：岡野文彦

バレンタインデーの日、ロラたちは集まってダンスを楽しんだ（2006.2.14）
提供：旧日本軍性奴隷問題の解決を求める全国同時企画京都実行委員会

日本政府の責任を追及するフィリピン議会

フィリピン政府は、韓国政府や台湾政府のように独自の生活支援施策を行っておらず、また、政府として「慰安婦」被害者に対する謝罪や補償を日本政府に求めていません。一方、フィリピンの国会では、さらなる調査の実施や、日本の国会が補償法を制定するよう求める決議案が何度も出されています。2007年7月に米国下院で「慰安婦」決議が採択された後、フィリピン下院の外交委員会で「慰安婦」決議が採択されましたが、日本大使館からのクレームで差し戻される事件も起きました。

被害女性たちは2004年、日本政府に謝罪や賠償を求めないフィリピン政府の不作為を、フィリピン最高裁判所に訴えましたが、2010年には「国の外交政策に関わるので司法は介入できない」と退ける判決が下されました。2010年、ベニグノ・アキノ大統領は「慰安婦」被害者への補償に言及しましたが、約束は果たされないままです。

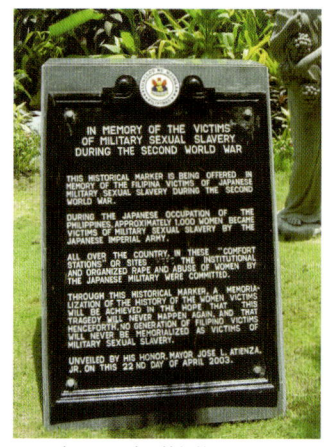

マニラ市は2003年、性奴隷にされた被害者を記念する碑を中心部のボニファシオ公園に建立した　提供：Lila-Pilipina

安倍首相（当時）の「軍による強制はなかった」発言に抗議するロラたち（2007.3.6）　撮影：柴崎温子

台湾
Taiwan

第3章 日本政府の対応と、各国・国際機関の反応

「国民基金」に反対してデモをする台湾の阿媽（アマー：おばあさん）たち　撮影：柴洋子

NGOと政府が協力して調査・支援

1992年、日本軍が台湾から「慰安婦」を送るように要請していた軍の文書（台電第602号）が発見されると、台北市婦女救援基金会（婦援会）は「慰安婦」ホットラインを設置して調査をスタート。その後、台湾政府、台北市、高雄市、婦援会などの団体による「台湾籍『慰安婦』専門グループ」が発足して調査が進められ、1992年末には48名の「慰安婦」制度の被害者が確認されました（2014年現在58名確認）。

1995年7月、「台湾籍『慰安婦』専門グループ」は「慰安婦」被害者への支援金の支給をはじめました。1997年1月には支援金は毎月15000元（約6万円）に増額され、医療補助やカウンセリングなども提供するようになりました。婦援会は「台湾籍『慰安婦』専門グループ」の委託を受けて、「慰安婦」被害者の認定作業、生活支援金給付の代行を行っています。

政府は「国民基金」を非難、被害者に「立替金」を支給

台湾は「国民基金」の事業対象国でしたが、被害者は反対の立場を示しました。婦援会は1997年7月、篤志家から寄付を受けた美術作品などを大々的にオークションにかけ、その売上げで一定の支援金を被害者に渡しました。これは、「国民基金」が被害者の生活の厳しさにつけこむかたちでお金を支払うことに抵抗する意味もありました。

台湾政府も一貫して「国民基金」の事業へ反対の態度を示し、1997年12月には、日本政府からの補償の「立替金」として、被害者1人あたり50万元（約200万円）を支給しました。これは日本政府が将来賠償したときには、返還することになっています。

台湾立法院も日本の責任を追及（2000.5.8）。1996年以降、台湾の立法院は「慰安婦」問題の解決を求め、日本政府や国会に宛てた要請・署名を送っている
提供：台北市婦女救援基金会

注：1952年、日本は国共内戦に敗れた中華民国政府（台湾）と日華平和条約で国交を回復しましたが、1972年に日中国交回復と同時に、台湾との国交を失いました

日本へ公式謝罪と賠償を求めて訴訟を提起

東京地裁判決に憤る阿媽と支援者たち（2002.10.15）　撮影：岡野文彦

台湾の被害女性たちは公に名前や顔を出すことを極度に恐れていましたが、婦援会の支援を受けて、1999年7月14日には日本政府に対し謝罪と賠償を求める訴訟を起こしました。原告は漢民族の女性5人、原住民族のタロコ族およびタイヤル族の女性4人の計9人でした。裁判は、東京地裁で2002年10月15日に敗訴、東京高裁では2004年2月9日に敗訴、そして2005年2月25日最高裁において棄却されました。日本の裁判所は事実認定さえしませんでした。

阿媽たちのグループ・セラピー

婦援会は、台湾各地に住む被害者の定期訪問のほかに、早くから被害女性たちの心理治療を兼ねたグループ・セラピーを実践してきました。台北近郊に1泊し、絵を描いたり、体を自ら癒す方法としてヨガを教えたり、あるいは被害者自身がグループごとに即興でストーリーを作り、用意された小道具や洋服で扮装し、演技をしたりするといったものです。2〜3カ月に一度の割合で被害者たちが集い、ともに食事をし、語り合うことを通してお互いをいたわり、また自分自身を無力な、無価値なものとして縛っていた鎖を少しずつ解いてきたのです。

日本政府に対する賠償や謝罪を求める活動を実施しながら、婦援会では「慰安婦」制度の事実を伝える活動にも力を入れてきました。映画の制作や書籍の出版、台北市内のさまざまな場所での企画展示会、また2008年にはネット上に「『慰安婦』と女性人権サイバー博物館」も開設しました。

2014年6月現在、生存している被害者は5名となりました。婦援会は台湾社会の理解を得るための運動を積み重ねながら、「慰安婦」にされた女性たちの歴史を残し、後世への証とするため、台北市内に女性と人権博物館の建設を予定しています。

「10年後の自分は？」グループ・セラピーで制作する陳桃さん　撮影：柴洋子

2005年に開催された「生命の強さ」展。台北市内の商店街や若い人が集まる場所に被害女性の大きな写真が展示された　撮影：柴洋子

インドネシア
Indonesia

インドネシア法律扶助協会（LBH）の前で、ブディ・ハルトノ弁護士（左端）と被害女性たち。左から3番目のマルディエムさんはジョグジャカルタ地区の被害女性たちを定期的に訪問して、お互いに助け合っていた　撮影：川田文子

トゥミナさんの名乗り出、被害者2万人の登録

「慰安婦」問題が国際的な人権課題として報道されると、インドネシアでは1992年7月、中部ジャワのソロに住むトゥミナさんがはじめて被害者として名乗り出ます。ジャーナリストの甥の支えがあったからで、1992年7月の「スワラ・ムルデカ」紙に2回にわたって掲載されました。

1993年4月には、日本弁護士連合会が日本軍による被害実態調査に乗り出します。インドネシア法律扶助協会（LBH）に協力を求め、現地の新聞を通じて登録を呼びかけると、LBHジョグジャカルタ支部だけでも1万7000人を超える被害者が押し寄せ、そのうち250人以上が「慰安婦」被害者でした。1995年には、全国に134支部がある兵補協会（兵補：日本軍占領下で補助兵力として使役されたインドネシア人）が「慰安婦」被害者に登録を呼びかけると、2万人を超える女性が登録しました。LBHジョグジャカルタは名乗り出た女性たちの聞き取り調査を実施しました。被害を公にして日本でも証言をしたマルディエムさんもそのひとりでした。しかし2万人を超える登録があった兵補協会は、一部しか調査ができませんでした。民間団体による調査には限界がありますが、インドネシア政府も日本政府も、なんら調査やその支援を行いませんでした。

兵補協会に集まった調査カード
撮影：川田文子

スハルト政権、「国民基金」を利用

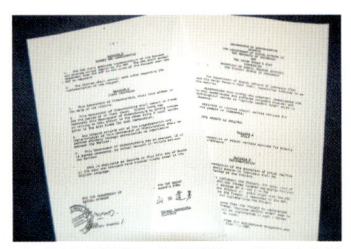

インドネシア政府と「国民基金」が交わした覚書。日本政府はこの覚書の公開を拒んでいたが、2001年、野党の国会議員がインドネシアを訪問した際に入手して、内容が明らかになった　所蔵：wam

1995年に「国民基金」がスタートすると、インタン・スウェノ社会大臣は、賠償問題は1958年の「日本国とインドネシア共和国との賠償協定」などで解決済みなので、個人補償は必要ないとの見解を発表します。そのかわりに高齢者社会福祉施設の建設支援を要請しました。インドネシアでは1998年にスハルト政権が倒されて民主化しますが、当時はまだ汚職にまみれた独裁政権の時代でした。しかし、「国民基金」はインドネシア政府の要請を受け入れて1997年3月に覚書を交わし、日本政府資金による3億8000万円の支援を約束します。

「慰安婦」被害女性たちは両国政府から置き去りに

日本政府が責任を認めて補償するよう求める被害女性たちは、「国民基金」では解決にならないとして、インドネシア政府や「国民基金」に対して何度も要請文や抗議の書簡を出しましたが、具体的な返答はありませんでした。「国民基金」で作った施設は「慰安婦」制度の被害者が優先的に入居できるとのことでしたが、被害を公に証言している被害女性たちは、その説明を受けていませんでした。結局、日本政府は「国民基金」を通じて、10年間で69カ所の高齢者福祉施設を建設し、2007年に事業を終了しました。

関心を集める被害女性たち

しかし、被害女性たちへの社会的関心は決して低くありません。2006年の大地震で被災した仲間たちを見舞っていたマルディエムさんは、2007年に念願の自伝『モモエ』を出版して注目を浴びました。インドネシアの文部省は学校で「慰安婦」問題に取り組むと表明し、2008年の「インドネシア共和国史」には「慰安婦」が記述されました。

被害女性の調査も進んでいます。南スラウェシで結成された「元『慰安婦』被害調査協会」は詳細な再調査を行い、2005年には1634人の「被害者証言リスト」を作成しました。東インドネシアのブル島では、2008年にエカ・ヒンドゥラティさんらによる被害実態の調査が行われ、社会省はブル島の被害女性に「老齢福祉金」として月30万ルピアの支給をはじめました。

2013年3月に民間の手で「慰安婦」被害者写真展が開催されたソロ市では、若手の映画監督がインドネシアではじめて被害を名乗り出たトゥミナさんを描いたドキュメンタリー映画『トゥミナ』を制作中です。各地の若い世代による「慰安婦」問題への理解と関心は、少しずつインドネシア社会に浸透しているといえるでしょう。

『モモエ』（2007年/エルランガ）の前半には、悲劇的な経験を乗り越えて闘うマルディエムさんの生涯が、後半には「慰安婦」問題の歴史的考察がつづられている。被害女性の支援活動をしてきたエカ・ヒンドゥラティさんと木村公一さんの共著。「モモエ」とはマルディエムさんが慰安所で呼ばれていた名前

オランダ
The Netherlands

第3章 日本政府の対応と、各国・国際機関の反応

対日道義請求財団は、毎月1回、在オランダ日本大使館の前で抗議行動をしている。2007年4月には150回を数えた。写真の手前右の女性は、「慰安婦」被害を受け、日本政府を相手に裁判も闘ったエレン・コリー・ヴァン・デア・プルーフさん
提供：Ellen Corry van der Ploeg

日本軍占領時代の被害者が立ち上がる

1992年、韓国の「慰安婦」被害者の告発に動かされて、ジャン・ラフ＝オハーンさんはオランダ系女性としてはじめて「慰安婦」被害を公にしました。オランダは、戦後のBC級裁判で蘭領東インド（現：インドネシア）における「慰安婦」強制事件をいくつか取り上げており、オハーンさんの事件も日本兵が裁かれています。しかし賠償に関しては、サンフランシスコ講和条約と、その調印に先立って交わされたスティッカー蘭外相と吉田首相との往復書簡に基づく日蘭議定書（1956年）によって解決済みというのがオランダ政府の立場です。当時、日本政府は1000万ドルを支払いましたが、民間抑留者の数は11万人で、1人あたりにしてみれば91ドルにしかすぎませんでした。

1990年4月、日本軍の占領下で被害を受けた人々が「対日道義請求財団」を発足させ、日本政府への補償を求める活動をはじめました。7万6000人いる同財団の会員には、「慰安婦」にされた女性たちもいます。

オランダ政府の調査

日本軍「慰安婦」問題が人権侵害として国際的にも浮上した後、オランダ政府は、オランダ人の「慰安婦」被害に関する調査を行い、翌1994年1月24日に調査結果をオランダ議会下院議長に送付しました。そこには、日本軍の慰安所にいたヨーロッパ系女性を200〜300人と推定し、そのうち65名が疑いもなく強制されたと書かれていますが、その数には、若い女性の身代わりを申し出て被害にあった女性のケースは入っていません。また、このオランダ政府報告書は、1994年に発表されたため、河野談話には反映されていません。

2007年11月、オランダ国会前で訴える被害女性たち。オランダのエレン・コリー・ヴァン・デア・プルーフさん（中央）、その右にフィリピンのメネン・カスティーリョさん、韓国の吉元玉さん。アムネスティ・インターナショナルが企画したスピーキング・ツアーの一環で、3人はヨーロッパ各国を歴訪 ©Jeronimus van Pelt

「国民基金」と「慰安婦」被害者たち

1995年に「国民基金」が設立されると、オランダ事業実施委員会（PICN）が民間団体として発足して日本政府と協議しました。オランダ政府は関与せず、「償い金」や総理の手紙も対象外となり、医療福祉支援事業だけが実施されました。107人の申請があり、そのうち75人の女性と4人の男性がPICNから認定を受けました。当時オランダ国籍があった人で、インドネシア在住の女性も対象になりました。

しかし、オランダ系女性としてはじめて名乗り出たジャン・ラフ＝オハーンさんや、裁判を闘ったエレン・コリー・ヴァン・デア・プルーフさんは、日本政府が法的責任をとらないための「慈善事業」にすぎないとして「国民基金」を拒否し、日本政府の責任を追及しました。オハーンさんは2007年2月に米国議会の公聴会で証言、プルーフさんはヨーロッパやカナダで証言し、各国での「慰安婦」決議を導きました。

2007年2月15日、米国議会下院で開かれた公聴会で証言したオハーンさん（右端）
写真：朝鮮日報WEB

オランダ議会下院で決議採択

「慰安婦」制度の事実と責任を認めない日本政府への不信や怒りは、アジアだけでなく米国や欧州にもつのっています。オランダ議会下院議長は2007年6月、安倍首相（当時）や国会議員による「慰安婦」被害の事実を否定する言動に対して、河野洋平衆議院議長（当時）に対し釈明を求める書簡を送りました。そして11月20日にはオランダ下院本会議で、日本政府が「慰安婦」問題の責任を認め、被害女性への謝罪と賠償を行うよう求める決議案を全会一致で採択し、バルケネンデ首相らに今後の具体的な対日外交手段などに関する答弁を求めました。

マレーシア
Malaysia

与党青年部が調査をスタート

　マレーシアでは、「慰安婦」調査は政党の職員によってはじまりました。1992年に開かれた、日本の戦争犯罪に関する国際調査委員会に出席していた与党第1党の「統一マレー国民組織」（UMNO）青年部のムスタファ・ヤーコブさんは、調査を約束。その後、新聞を通して情報提供を呼びかけたところ、3500人から情報が寄せられ、そのうち5人が「慰安婦」被害者でした。同じ頃、与党第2党の「マレーシア華人協会」（MCA）のマイケル・チョンさんも独自に調査をはじめ、3人の女性が名乗り出て、計8人（マレー系4人、華人系4人）の被害女性（匿名）が確認されました（その後4人追加）。

在マレーシア日本大使館、妨害か？

　地元紙に調査結果が報道されると、在マレーシア日本大使館は「賠償問題は解決済み」とナジブ・トゥン・ラザク国防大臣に伝えてきました。またマレーシア華人協会の担当者も日本大使館での昼食に呼ばれ、非公式に解決済みと指摘され、どちらの党も調査をとりやめてしまいました。ムスタファさんは、補償の請求はだめでも被害の事実だけでも伝えたいと、個人の資格でウィーン人権会議に報告書を提出する準備を進めましたが、出発2日前になってナジブ国防大臣から、人権会議への出席をとりやめ、報告書を公表しないよう命じられました。

日本大使館の圧力を伝える朝日新聞の記事（1993.7.16）。ナジブ国防大臣は、その理由を「事実が不確かであるため」と答えている

力強い支援運動のないマレーシア

　マレーシアでは、「慰安婦」被害者たちを支えて活動する団体がありません。被害女性たちは、与党第1党が調査をはじめたのだから、「ようやくマレーシア政府も戦争被害の問題を取り上げてくれる」と思い、名乗り出たそうですが、マレーシア政府はなんの調査も支援も行っていません。他の国での動きを知って、顔と名前を公表したのは、ロザリン・ソウさんだけです。被害を受けた女性たちは、被害事実を隠したまま、次々と亡くなっています。

若い頃のマダムX（匿名）。マレーシアの被害女性は、村に帰ってから「汚らわしい」と差別された経験があったり、親族に迷惑がかかるからと顔や名前を出さない女性が多い。顔と名前を公表したのはロザリン・ソウさんだけだった
出典：『写真記録 東南アジアー歴史・戦争・日本 3 マレーシア・シンガポール』高嶋伸欣／ほるぷ出版

東ティモール
Timor-Leste

「慰安婦」調査はNGOがはじめたばかり

　東ティモールでは、2000年の女性国際戦犯法廷を機に、女性法律家たちや東ティモールと日本の市民団体による「慰安婦」被害の調査がはじまりました。24年間もインドネシアに軍事占領され、2002年5月にやっと独立を果たしたこの国では、それまで日本軍支配下での被害を訴える機会も場所もなかったのです。

　東ティモールの初代大統領、シャナナ・グスマオは独立運動の闘士で、1982年には国連総会にあてて、日本占領時代の暴力の被害と国土の荒廃を訴える書簡を送っていました。しかし「慰安婦」被害に関しては、獄中にいた1990年代にインドネシアの「慰安婦」たちが声をあげたことを「恥ずかしいことだ」とコメントし、2001年にも東ティモールの「慰安婦」たちが証言したことを「悲しい」と発言しています。

シャナナ・グスマオ大統領　撮影：文珠幹夫

東ティモール政府、「慰安婦」支援せず

　こうした姿勢が示すように、東ティモール政府は日本政府やインドネシア政府との外交関係を重視し、「慰安婦」制度に関する真相究明も被害回復のための取り組みも行っていません。戦後補償の議論が起こると、インドネシア占領時代の人権侵害への補償要求が出てくるのを恐れているからではないか、とも言われています。これをいいことに、日本政府は自ら責任を取る姿勢を見せていません。沈黙を破った女性たちの正義を実現するための取り組みは、東ティモールと日本の市民の連帯活動によってはじまったばかりです。

2012年6月4日、首都ディリで全国青年評議会総会の時に開催されたパネル展には700人以上が集まった　提供：HAK

東ティモール人権協会（HAK）と日本の東ティモール全国協議会は、「慰安婦」被害の調査に2005年から本格的に取り組み、20カ所の慰安所を確認、82人の被害者にインタビューし、報告書発行の準備を進めている　提供：HAK／東ティモール全国協議会

日本政府に対する国連の人権機関の勧告

自由権規約(市民的政治的権利に関する国際規約)委員会　最終所見(抜粋)

2008年(CCPR/C/JPN/CO/5)

22. 委員会は、締約国が未だに、第二次世界大戦中における「慰安婦」制度に対してその責任を認めていないこと、加害者が訴追されていないこと、被害者に提供されている補償金が公的資金よりむしろ個人的な寄付によって提供されていることおよびそれが不十分であること、「慰安婦」問題への言及を含む歴史教科書がほとんどないこと、および一部の政治家および報道機関が被害者の中傷あるいは出来事の否定を続けていることに懸念をもって留意する。(第7条および第8条)

締約国は、被害者の大半が受け入れ可能で彼らの尊厳を回復させるような方法で「慰安婦」制度に対する法的な責任を認め、率直に謝罪し、生存している加害者を訴追し、すべての生存者の権利として適切な補償を行うために迅速で効果的な立法府および行政府による措置をとり、本問題について生徒および一般の公衆を教育し、および被害者を中傷しあるいは出来事を否定するあらゆる企てに反論しおよび制裁措置をとるべきである。

(政府仮訳)

経済的、社会的および文化的権利に関する委員会　最終所見(抜粋)

2001年(E/C.12/1/Add.67)

C.主な懸念される問題

26. 委員会は、主として民間の財源から資金が調達されている、女性のためのアジア平和国民基金により「従軍慰安婦」へ提供された補償が、当該慰安婦によって受け入れられる措置とはみなされてきていないことに懸念を表明する。

E.提言および勧告

53. 委員会は、遅きに失する前に、「慰安婦」の期待に添うような方法で犠牲者に対して補償を行うための手段に関し、締約国が「慰安婦」を代表する組織と協議し、適切な調整方法を見い出すことを強く勧告する。

2013年(E/C.12/JPN/CO/3)

C.　主な懸念事項および勧告

26. 委員会は、「慰安婦」が被った搾取が経済的、社会的および文化的権利の享受および補償の権利にもたらす長きにわたる否定的な影響に懸念を表明する(第3条、第11条)。

委員会は、締約国に対し、搾取がもたらす長きにわたる影響に対処し、「慰安婦」が経済的、社会的および文化的権利の享受を保障するためのあらゆる必要な措置をとることを勧告する。また、委員会は、締約国に対して、彼女らをおとしめるヘイトスピーチおよびその他の示威運動を防止するために、「慰安婦」が被った搾取について公衆を教育することを勧告する。

(政府仮訳)

女性差別撤廃委員会　最終所見(抜粋)

1994年(A/50/38)

633. 委員会は、日本の報告が他のアジアの諸国からの女性に対する性的搾取および第二次世界大戦中の女性に対する性的搾取に関する問題を真剣に反映していないことにつき失望の意を表明した。(以下略)

635. (略)……委員会は、また、日本政府に対し、これらの最近の問題および戦争に関連する犯罪を取り扱うため具体的かつ効果的な措置をとることおよびその措置につき次回の報告で委員会に報告することを推奨する。

2003年(A/58/38)

361. (略)……いわゆる「従軍慰安婦」の問題に関しては、第2回・3回報告の審議以前、以後にとられた措置について、締約国が提供した包括的な情報を評価しつつ、委員会は、この問題についての懸念が継続していることに留意する。

362. (略)……委員会は締約国がいわゆる「従軍慰安婦」問題を最終的に解決するための方策を見出す努力を行うことを勧告する。

2009年(CEDAW/C/JPN/CO/6)

【女性に対する暴力】

37. 委員会は、「慰安婦」の状況に対処するために締約国がいくつかの措置を講じたことに留意するが、第二次世界大戦中に被害者となった「慰安婦」の状況の恒久的な解決策が締約国において見出されていないことを遺憾に思い、学校の教科書からこの問題への言及が削除されていることに懸念を表明する。

38. 委員会は、締約国が「慰安婦」の状況の恒久的な解決のための方策を見出す努力を早急に行うことへの勧告を改めて表明する。この取組には、被害者への補償、加害者の訴追、およびこれらの犯罪に関する一般国民に対する教育が含まれる。

(政府仮訳)

拷問禁止委員会　最終所見(抜粋)

2007年(CAT/C/JPN/CO/1)

【時効】 12. 委員会は、拷問および不当な取扱いにあたる行為に対して時効が適用されることを懸念をもって留意する。委員会は、拷問および不当な取扱いにあたる行為に時効を適用することは、このような重大な犯罪の捜査、訴追、および処罰を妨げ得るものであると懸念する。特に、委員会は、第二次世界大戦中に軍の性的奴隷の被害者となったいわゆる「慰安婦」によって提訴された案件が、時効に関連する理由をもって棄却されたことを遺憾とする。

締約国は、拷問未遂行為および拷問の共謀又は拷問への加担となるような何人による行為を含め、拷問および不当な取扱いにあたる行為が時間の制限なく、捜査、訴追および処罰の対象となるよう、時効に関する規則および規定を見直し、それらを条約上の義務に完全に一致させるべきである。

【補償およびリハビリテーション】 24. 委員会は、特に第二次世界大戦中の日本の軍による性的奴隷行為の生存者を含め、性的暴行の被害者に対する救済が不十分であること、また、性的暴行およびジェン

ダーに基づく条約違反を防止するための効果的教育およびその他の措置が実施されていないことを懸念する。締約国の代表者が「癒しがたい傷」を負ったと認めた戦時下の虐待の生存者は、締約国による事実の公的否認、他の関連事実の隠蔽又はそれを公開していないこと、拷問行為に刑事責任のある者を訴追していないこと、および被害者および生存者に適切なリハビリテーションを提供していないことにより、継続的な虐待および再トラウマを経験している。

委員会は、教育（条約第10条）および救済措置（条約第14条）はそれら自体が、締約国の条約下での本件に関する義務の更なる違反を防止する手段であると考える。継続的な公的否認、不訴追、適切なリハビリテーションを提供していないことは、すべて、教育的措置およびリハビリテーションを提供することも含め、拷問および不当な取扱いを防止するという条約上の義務を締約国が履行していないことに寄与するものである。委員会は、性的およびジェンダーに基づく違反の根源にある差別的要因を是正するために教育を提供し、不処罰の防止に向けた措置も含め、被害者に対するリハビリテーションを提供するための措置を締約国がとることを勧告する。

(政府仮訳)

2013年

19. 第二次世界大戦中の日本軍性奴隷制の慣行の被害者、いわゆる「慰安婦」に対して行われた虐待を認めるためにとられた諸手段に関して日本政府から提供された情報にもかかわらず、委員会はこの問題に対処するに当たり、締約国が、特に以下について本条約に基づく責務を果たすのを怠っていることに、深い懸念を持ち続けている（条約第1条、第2条、第4条、第10条、第14条、16条）。

(a) 適正な救済とリハビリテーションを被害者に提供するのを怠ったこと。委員会は、公的資金ではなく民間の募金による財政で賄った賠償が、不十分かつ不適切であったことを遺憾とする。
(b) 拷問のこのような行為の加害者を訴追し、裁きの場に立たせて刑を受けさせるのを怠ったこと。委員会は、拷問の効果が本質的に継続的である点に鑑み、被害者が受けるべき救済、賠償、リハビリテーションを奪うため、時効は適用されるべきでないことを想起する。
(c) 関連の諸事実および資料の隠ぺい、または公開を怠ったこと。
(d) 複数の国会議員を含む国および地方の、高い地位の公人や政治家による、事実の公的な否定や被害者に再び心的外傷を負わせることが継続していること。
(e) とりわけ歴史教科書でこの問題に関する記述が減少していることにみられるように、ジェンダーに基づく条約違反を防止するための効果的な教育的施策を実施するのを怠ったこと。
(f) 本委員会の勧告や、その他の多くの国連人権機関、とりわけ自由権規約委員会（CCPR/C/JPN/CO/5, para.22）、女性差別撤廃委員会（CEDAW/C/JPN/CO/6, para.38）、社会権規約委員会（CEDAW/C/JPN/CO/6, para.38）、人権理事会から委任を受けた複数の特別手続などによる諸勧告と類似のものであるところの、この問題に関連してUPR（国連「普遍的定期的審査」）の文脈でなされた複数の勧告を、締約国が拒絶（A/HRC/22/14/Add.1, paras.147.145 et seq.）していること。

本委員会一般勧告第3号を想起しつつ、本委員会は締約国に対し、即時かつ効果的な立法的および行政的措置をとり、「慰安婦」の諸問題について被害者中心の解決策をとるよう強く求める。特に：

(a) 性奴隷制の諸犯罪について法的責任を公に認め、加害者を訴追し、適切な刑をもって処罰すること
(b) 政府当局者や公的な人物による事実の否定、およびそのような繰り返される否定によって被害者に再び心的外傷を与える動きに反駁すること
(c) 関連する資料を公開し、事実を徹底的に調査すること
(d) 被害者の救済を受ける権利を確認し、それに基づき、賠償、満足、できる限り十分なリハビリテーションを行うための手段を含む十全で効果的な救済と補償を行うこと
(e) 本条約の下での締約国の責務に対するさらなる侵害がなされないよう予防する手段として、この問題について公衆を教育し、あらゆる歴史教科書にこれらの事件を含めること。

(wam仮訳)

ラディカ・クマラスワミ
女性に対する暴力、その原因と結果に関する特別報告者の報告（抜粋）

1995年　予備報告書(E/CN.4/1995/42)

291. 第二次大戦後約50年が経過した。しかし、この問題は、過去の問題ではなく、今日の問題とみなされるべきである。それは、武力紛争時の組織的強かんおよび性奴隷を犯した者の訴追のために、国際的レベルで法的先例を確立するであろう決定的な問題である。象徴的行為としての補償は、武力紛争時に犯された暴力の被害女性のために補償による救済への道を開くであろう。

訳出典：戸塚悦朗『日本が知らない戦争責任』（現代人文社）

1996年　日本軍「慰安婦」問題報告書(E/CN.4/1996/53/Add.1)

137. 日本政府は、以下を行うべきである。
(a) 第二次世界大戦中に日本帝国軍によって設置された慰安所制度が国際法の下でその義務に違反したことを承認し、かつその違反の法的責任を受諾すること。
(b) 日本軍性奴隷制の被害者個人々に対し、人権および基本的自由の重大侵害被害者の原状回復、賠償および更正への権利に関する差別防止少数者保護小委員会の特別報告者によって示された原則に従って、賠償を支払うこと。多くの被害者がきわめて高齢なので、この目的のために特別の行政審査会を短期間内に設置すること。
(c) 第二次大戦中の日本帝国軍の慰安所および他の関連する活動に関し、日本政府が所持するすべての文書および資料の完全な開示を確実なものにすること。
(d) 名乗り出た女性で、日本軍性奴隷制の女性被害者であることが立証される個人々に対して、書面による公式謝罪をなすこと。
(e) 歴史的現実を反映するように教育カリキュラムを改めることによって、これらの問題についての意識を高めること。
(f) 第二次大戦中に慰安所への募集および収容に関与した犯行者をできる限り特定し、かつ処罰すること。

訳出典：クマラスワミ報告書研究会『女性に対する暴力』（明石書店）

1998年　国家による暴力報告書(E/CN.4/1998/54)

38. 日本政府は、「慰安婦」に対する過去の暴力問題を扱う歓迎すべき努力をした。日本政府と歴代首相が自責の念を表明し、元「慰安婦」に謝罪した。「女性のためのアジア平和国民基金」という民間基金が個々の被害者に200万円支給した。100人以上の被害者が基金

の受け取りを申し入れ、約50人が現に償い金を受け取った。基金は、元「慰安婦」がいても、文化的理由で名乗り出ることのできない国では、高齢女性を援助する試みを行っている。日本政府は「女性のためのアジア平和国民基金」の医療福祉事業に政府予算から7億円を提供した。国民の関心を高める努力を行い、学校教科書にこの悲劇を掲載して、将来繰り返すことのないようにしている。しかし、日本政府は法的責任を認めていない。おそらく国内裁判所での6件の裁判の判決を待っているのであろう。

訳出典：クマラスワミ報告書研究会『女性に対する暴力』（明石書店）

2001年　武力紛争下において国家により行われた、または容認された女性に対する暴力報告書（1997-2000）（E/CN.4/2001/73）

要旨　（略）……第二次世界大戦中の日本の軍性奴隷制の加害者の不処罰が続いていることは、加盟国が依然として過去における強かんおよび性暴力の行為の責任者を調査し、訴追し、処罰することを怠っている数多くの実例の一つにすぎない。（以下略）

Ⅰ　日本：「慰安婦」裁判の進展

92.（略）……1996年の報告で本特別報告者が行った一連の勧告や、人権の促進と保護に関する人権小委員会の特別報告者が、武力紛争下の組織的強かん、性奴隷制および奴隷制類似慣行に関する最終報告書の付属文書で示した勧告に関しても、これを実施する試みはまったくなされていない。

(93.アジア女性基金について、94-95.下関判決を含む、「慰安婦」裁判の状況)

96.　2000年12月、日本の「慰安婦」制度の被害者に対する補償を日本政府が拒否し続け、加害者の不処罰が続いていることに光をあてるため、女性団体は「日本軍性奴隷制を裁く女性国際戦犯法廷」（2000年東京法廷）を開催した。南北コリア、フィリピン、インドネシア、東ティモール、中国、オランダに在住する「慰安婦」の詳しい証拠が集められ、ついに記録として入手可能となった。これらの証拠は国際検事団が著名な人物からなる国際判事団に提出した。判事団による認定の概要は日本政府の法的責任および犯罪の加害者を処罰するプロセスの設置の必要性を再度確認するものだった。しかし、日本政府は出廷していなかった。

訳出典：渡辺美奈「日本軍「慰安婦」をめぐる国連機関の動き」『季刊戦争責任研究』47号

2003年　最終報告書　付属文書1（E/CN.4/2003/75/Add.1）

1043.（略）……日本政府はいまだに第二次世界大戦中、軍性奴隷として捉えられた「慰安婦」に対する法的責任を受け入れていない。日本政府はまた、そのような犯罪の責任ある加害者の多くを処罰していない。

訳出典：VAWW-NETジャパン翻訳チーム『女性に対する暴力をめぐる10年』（明石書店）

ゲイ・J・マクドゥーガル
武力紛争下の強かん、性奴隷制および奴隷類似慣行に関する特別報告者の報告（抜粋）

1998年（E/CN.4/Sub.2/1998/13）
第6章　救済措置、第3節　勧告

63.（略）……国連は、「慰安所」に関与して生存している責任者を探し出し、訴追する義務を日本に完全に果たさせることと、同様に他の諸国が、日本以外の裁判管轄権内で加害者の逮捕と訴追を援助するため、あらゆる手段を講じることを保障する義務がある。（以下略）

65.「女性のためのアジア平和国民基金」がいかなる意味でも法的賠償にあたらない以上、前述の損害賠償を支払うための行政基金を、適切な資格のある外国代表も加えて設置しなければならない。その実現を目指して国連人権高等弁務官は、日本政府とともに、「慰安婦」に対して公式に金銭補償を提供できるような適切な補償計画を迅速に作るため、政策決定権を与えられた国内外の指導者からなる専門委員を任命すべきである。（以下略）

第7章　結論

68.　本報告書の結論として、日本政府は、人権法と人道法に対する重大な責任があり、その違反は全体として人道に対する罪に相当する。（以下略）

69.　戦争終結から半世紀以上たってもこうした請求の問題が解決できていないことは、女性の生命がいまだにいかに過小評価されているかを示す証拠である。（中略）今や日本政府は、十分な救済のために不可欠な決定的措置をとる責任がある。

訳出典：VAWW-NETジャパン『戦時性暴力をどう裁くか』（凱風社）

2000年（追加報告）（E/CN.4/Sub.2/2000/21）
第6章　第二次世界大戦中の日本の軍性奴隷制に関する発展

71.　性奴隷制が記録されたケースでもっともひどい事件の1つは、第二次世界大戦中の日本帝国軍が関連した強かん収容所の制度であった。特別報告者の任務を創設する主なきっかけとなったのも、アジア全域のいわゆる「慰安所」で奴隷とされた20万人以上の女性と少女に対する被害の実態と性格について国際的な認識が高まったことであった。（以下略）

72.　いわゆる「慰安婦」に対して犯された蹂躙行為は、大部分は救済されないままである。被害者にはなんの賠償もなされていない。公式賠償もなく、法的責任の公的認知もなく、訴追もされていない。（中略）それゆえ、日本政府は国際法のもとでの義務を十分に果たしていない。

訳出典：VAWW-NETジャパン『戦時性暴力をどう裁くか』（凱風社）

ドゥドゥ・ディエン
現代的形態の人種主義、人種差別、外国人嫌悪および関連する不寛容に関する特別報告者の報告（抜粋）

2006年（E/CN.4/2006/16/Add.2）
Ⅲ　関係する集団による自らの状況の提示
D．朝鮮半島出身者およびその子孫（コリアン）

59.　最後に、コリアンが耐え忍んできた差別のなかでも最も恥ずべき形態の差別――第二次世界大戦中に日本軍の意のままに利用されたコリアン女性の性奴隷制度――については、日本政府は1993年になってようやく性奴隷制設置の責任を認めた。しかしながら、公式の謝罪、補償、そして「慰安婦」として知られるこの悲惨な歴史的出来事に関する適切な教育のような諸問題は、いまだ解決されていない。特別報告者はまた、来年度から使用される学校教科書には「慰安婦」に関するいかなる記述も含まれないという報告さえ受けた。

Ⅴ　勧告

82.（略）……また、教科書に、植民地時代および戦時に関連して日本が行なった犯罪（その責任を認めることも含む）ならびに「慰安婦」制度の設置に関する説明を記載すべきである。特別報告者は、学校教科書の内容の決定が、国レベルでの説明責任を問われることなく行えることを懸念する。従って特別報告者は、上記の最低限の内容上の要件が学校教科書に盛り込まれることを保障するために、学習指導要領を改訂するよう勧告するものである。（以下略）

（反差別国際運動訳　平野裕二監訳）

「慰安婦」問題をめぐる世界の動き

	日本国内の動き（政府・議会・裁判所）	被害国・諸外国の動き（政府・議会）	国連・国際機関の動き
1990	6月 参議院予算委員会で政府が、（「慰安婦」は）「民間業者が連れ歩いた」と答弁		
1991	12月 日本政府、「慰安婦」調査スタート	8月 金学順さんが名乗り出る	
1992	1月 吉見義明教授が軍関与を示す公文書を発見、訪韓した宮澤首相が盧泰愚大統領にお詫び表明 7月 第一次政府調査結果を発表、加藤官房長官、軍関与を認める談話を発表	フィリピン、中国、台湾、オランダ、在日、インドネシアの被害者、次々と名乗り出る 各国被害者は日本政府に対して謝罪と補償を求め、次々と損害賠償請求裁判をはじめる	国連世界人権会議（1993年6月）では、NGOが「慰安婦」制度や旧ユーゴ紛争での性暴力被害者の証言を聞く公聴会を開いた 撮影：もりきかずみ
1993	8月 第二次政府調査結果を発表、河野官房長官、強制性を認めてお詫びと反省の談話を発表 河野官房長官の談話を1面で報じる朝日新聞（1993.8.5）	8月 韓国政府、名乗り出た被害者を支えるため「慰安婦生活安定支援法」施行	6月 国連世界人権会議（ウィーン）で戦時性暴力被害の公聴会が開かれる 7月 差別防止少数者保護小委員会特別報告者のテオ・ファン・ボーベン、重大人権侵害の被害者の補償等に関する最終報告書を国連人権小委員会に提出
1994	2月 韓国被害者ら、東京地検に告訴するが不受理となる 8月 村山首相「戦後50年に向けた談話」で「慰安婦」問題に関して反省とお詫びの気持ちを表明	1月 オランダ政府、オランダ人の「慰安婦」被害に関する調査結果をオランダ下院議長に送付	1月 国連女性差別撤廃委員会、「慰安婦」問題に関して具体的かつ効果的な措置をとるよう勧奨する最終見解を発表 11月 国際法律家委員会（ICJ）が「慰安婦」問題に関して日本政府の法的責任を指摘
1995	7月 女性のためのアジア平和国民基金（「国民基金」）発足 8月 政府、「国民基金」への協力を閣議了解	7月 インドネシア社会大臣「賠償問題は賠償協定等で解決済み」と見解発表 7月 台湾政府、各被害者に支援金支給開始 「国民基金」への反対運動が各国へ広がる	7月 戦時の組織的強かん・性奴隷制報告者のリンダ・チャベス、作業文書を国連人権小委員会に提出 9月 国連北京世界女性会議、戦時強かんは戦争犯罪であるとし、犯罪者の処罰と被害者への補償を政府に求める行動綱領を発表
1996	8月 「国民基金」、「償い金」支給開始	12月 台湾立法委員150名が「国民基金」を批判、立法解決を求めて首相、衆参議長、国会議員に要請書を送付 各国の被害者が「国民基金」反対運動に結集（1996.7.12）撮影：信川美津子	3月 国際労働機関（ILO）条約勧告適用専門家委員会、（以下専門家委員会）「慰安婦」は性奴隷であり、強制労働条約（ILO29号条約）違反とする見解を発表 4月 女性に対する暴力特別報告者のラディカ・クマラスワミ、「慰安婦」問題に関する日本の責任を指摘する包括的な報告書を国連人権委員会に提出
1997	中学の歴史教科書すべてに「慰安婦」という言葉が記述される	3月 インドネシア政府、「国民基金」と覚書を交わし「高齢者支援福祉事業」を開始 12月 台湾政府、日本政府による補償の「立替金」として各被害者に約200万円を支給	3月 ILO専門家委員会、強制労働条約違反を再確認、再度日本政府に勧告 ゲイ・マクドゥーガル
1998	4月 関釜裁判で、山口地裁下関支部、立法不作為で「慰安婦」被害者に慰謝料支払いを命じる	5月 韓国政府、各被害者に支援金約300万円を支給	8月 武力紛争下の強かん・性奴隷制報告者のゲイ・マクドゥーガル、「慰安婦」問題、特に法的責任と責任者処罰に関して国連人権小委員会に報告書提出
1999		2月 フィリピン下院人権小委員会、日本の国会に「慰安婦」補償法制定を求める決議採択 8月 米国・カリフォルニア州議会両院、「慰安婦」を含む日本軍の戦争犯罪の被害者に対して謝罪と補償を求める決議を採択	3月 ILO専門家委員会、日本政府に3度目の勧告 7月 国際刑事裁判所のローマ規定に性奴隷が犯罪としてもりこまれる
2000	2000年に「慰安婦」補償立法を支持した台湾立法委員 提供：台北市婦女救援基金会	1月 香港議会、謝罪と補償を求める決議採択 5月 台湾立法委員151名が「慰安婦」補償立法を支持する書簡を首相、衆参議長、国会議員に送付	10月 国連安保理、「女性・平和・安全保障」に関する1325決議採択
2001	3月 参議院に「戦時性的強制被害者問題の解決の促進に関する法律」案（「慰安婦」法案）を民主・社民・共産の野党三党が共同提出、内閣委員会に付託される	3月 英国議会下院「慰安婦」訴訟支持スピーチ 7月 米国下院に「慰安婦」賠償決議案が提出される 12月 フィリピン下院、女性委員会に「慰安婦」問題に関する調査を命じる決議採択	3月 ILO専門家委員会、日本政府に4度目の勧告 8月 国連社会権規約委員会、「遅きに失する前に『慰安婦』の期待に沿うような方法で…適切な調整方法を見出す」よう強く勧告 社会権規約委員会の審議には、フィリピンから「慰安婦」被害を受けた女性が参加した 提供：フィリピン元「慰安婦」とともに・ルナス
2002	7月 「慰安婦」法案、参議院内閣委員会で趣旨説明、はじめて審議。その後廃案と再提出を繰り返す	9月 日朝平壌宣言	3月 ILO専門家委員会、日本政府に5度目の勧告
2003	3月 関釜裁判、最高裁で上告棄却・不受理決定 3月 在日「慰安婦」裁判、最高裁で上告棄却・不受理決定 12月 フィリピン「慰安婦」裁判、最高裁で上告棄却・不受理決定	2月 韓国国会、「慰安婦」法案制定促進決議採択 フィリピン・マニラ市が、市内のボニファシオ公園に「慰安婦」記念碑設置	3月 ILO専門家委員会、日本政府に6度目の勧告 8月 女性差別撤廃委員会、「慰安婦」問題に関して最終的に解決する方策を見出すよう2度目の勧告
2004	3月 オランダ「慰安婦」裁判、最高裁で上告棄却・不受理決定 11月 金学順さんらの裁判、最高裁で上告棄却・判決	11月 韓国、「慰安婦」問題を含む植民地下の強制連行を調査する委員会を発足	3月 ILO専門家委員会、日本政府に7度目の勧告

※「慰安婦」裁判最高裁棄却が続く

	日本国内の動き(政府・議会・裁判所)	被害国・諸外国の動き(政府・議会)	国連・国際機関の動き
2005	2月 台湾「慰安婦」裁判、最高裁で上告棄却・不受理決定 11月 山西省性暴力裁判、最高裁で上告棄却・不受理決定 「慰安婦」裁判最高裁棄却が続く	1月 フィリピン下院外交委員会、「慰安婦」法案支持決議採択 韓国政府、中国在住の韓国人被害者の実態調査を進め、国籍回復事業を推進	3月 ILO専門家委員会、日本政府に8度目の勧告
2006	4月 中学の歴史教科書から「慰安婦」という言葉が無くなる	2月 日朝国交正常化交渉で北朝鮮は「一括妥結経済協力方式だけでは不十分」と見解表明 9月 米国下院国際関係委員会で「慰安婦」決議案がはじめて通過するも廃案に	1月 人種差別に関する特別報告者のドゥドゥ・ディエン、国連人権委員会に提出した報告書の中で、教科書に「慰安婦」の事実を記述するよう勧告
2007	3月 安倍首相、軍の強制否定発言 「国民基金」解散 4月 中国「慰安婦」裁判、最高裁で棄却判決 6月 日本の有志国会議員ら、ワシントン・ポスト紙に軍の強制を否定する広告掲載 7月 日本政府、軍や官憲による強制連行を示す記述はなかったとする答弁書を閣議決定 THE FACTS（事実）と題されたワシントン・ポストの広告。事実を認めない日本を印象付けた（2007.6.14）	1月 マイク・ホンダ議員、米国下院に「慰安婦」決議案提出 マイク・ホンダ議員 2月 米国下院外交委員会の小委員会、「慰安婦」被害者の証言を聞く公聴会を開催 7月 米国下院、「慰安婦」決議採択 9月 オーストラリア議会上院、「慰安婦」決議一票差で否決 11月 オランダ議会下院、「慰安婦」決議採択 カナダ議会下院、「慰安婦」決議採択 12月 欧州議会、「慰安婦」決議採択	3月 ILO専門家委員会、日本政府に9度目の勧告 5月 国連拷問禁止委員会、「慰安婦」問題の加害者訴追と被害者救済を勧告
2008	3月 宝塚市議会が「慰安婦」意見書可決 6月 清瀬市議会が「慰安婦」意見書可決 11月 札幌市議会が「慰安婦」意見書可決 福岡市議会の意見書可決を街頭で伝える福岡の市民（2009.3.26） 提供：早よつくろう!「慰安婦」問題解決法・ネットふくおか	3月 フィリピン下院外交委員会、「慰安婦」決議案を採択するも、在比日本大使館からのクレームで差し戻される 10月 韓国国会、「慰安婦」決議採択 11月 台湾立法院、「慰安婦」決議採択	3月 ILO専門家委員会、日本政府に10度目の勧告 5月 国連人権理事会・普遍的定期審査(UPR)で日本の人権状況を審査、「慰安婦」問題について国際的な勧告に従うよう2カ国が勧告 10月 国連自由権規約委員会、「慰安婦」問題に関して、法的責任の受諾、謝罪、補償、教育など日本がとるべき包括的な措置を勧告
2009	3月 福岡市議会が「慰安婦」意見書可決 6月 箕面市、三鷹市、小金井市、京田辺市の議会が「慰安婦」意見書可決 8月 民主党に政権交代 9月 生駒市、泉南市の議会が「慰安婦」意見書可決 10月 国分寺市議会、「慰安婦」意見書可決 12月 船橋市、長岡京市、国立市、田川市の議会が「慰安婦」意見書可決	3月 オーストラリア・ライド市議会、ストラスフィールド市議会が「慰安婦」決議採択 7月 韓国大邱市議会が「慰安婦」決議採択。その後、2013年までに韓国国内の55都市の地方議会で「慰安婦」決議採択 韓国・大邱市議会、日本軍「慰安婦」問題解決を求める決議文採択（2009.7） 提供：韓国挺身隊問題対策協議会	3月 ILO専門家委員会、日本政府に11度目の勧告 7月 女性差別撤廃委員会、「慰安婦」問題に関して、謝罪や補償など、最終的な解決を緊急に見出すよう3度目の勧告
2010	3月 海南島「慰安婦」裁判、最高裁上告で棄却。10件すべての「慰安婦」裁判で被害者の訴えは斥けられる ふじみ野市、岡山市、我孫子市、向日市、今帰仁村、吹田市、堺市の議会が「慰安婦」に関する意見書を可決 6月 小樽市、西東京市、南城市、読谷村、豊見城市、多良間村、一関市、高槻市の議会が「慰安婦」に関する意見書を可決 9月 士別市、東伯郡北栄町、八幡市、函館市の議会が「慰安婦」意見書を可決 10月 木津川市議会、大阪市会が「慰安婦」意見書可決	10月 米国ニュージャージー州パリセイズ・パーク市に「慰安婦」記念碑設置 パリセイズ・パーク市の図書館脇に設置された「慰安婦」記念碑 撮影：渡辺美奈	
2011	9月 南埼玉郡宮代町議会が「慰安婦」意見書を可決	8月 韓国憲法裁判所が「韓国政府が日本軍『慰安婦』問題解決のために積極的な外交措置をとらないことは違憲」とする決定を下す 12月 韓国水曜デモ1000回を記念して、ソウルの日本大使館前に「平和の碑」設置	3月 ILO専門家委員会、日本政府に12度目の勧告
2012	3月 札幌市議会が「慰安婦」意見書を可決 6月 宇治市議会が「慰安婦」意見書を可決 9月 広陵町議会が「慰安婦」意見書を可決 11月 安倍自民党総裁を含む日本の有志国会議員ら、米ニュージャージー州の地元紙「スターレッジャー」に「慰安婦」制度の事実を否定する広告掲載 12月 自民党安倍政権発足、河野談話見直しを示唆	6月 米国ニューヨーク州ナッソー郡に「慰安婦」記念碑設置 12月 米国カリフォルニア州オレンジ郡に「慰安婦」記念碑設置	12月 国連人権理事会・普遍的定期審査(UPR)で、2回目の日本の人権状況を審査、「慰安婦」問題について、責任を認めて反省し、補償や教育をするよう5カ国が勧告
2013	3月 京都府議会が「慰安婦」意見書を可決 5月 橋下徹大阪市長、「慰安婦」は必要だった、沖縄での強かん予防に風俗利用を提言したと発言 稲田朋美行政改革担当大臣、「慰安婦」は合法だったと発言 5月〜6月 橋下市長の発言に対して、国内の地方議会30カ所あまりが非難決議を採択 6月 島根県、城陽市、宮津市の議会が「慰安婦」意見書を可決 日本政府、河野談話発表時点で軍による強制連行を示す「バタビア臨時軍法会議の記録」があったと認める答弁書を閣議決定	1月 米国ニューヨーク州議会上院が「慰安婦」決議採択 3月 米国ニュージャージー州バーゲン郡の裁判所の前に「慰安婦」記念碑設置 米国ニュージャージー州議会上院が「慰安婦」決議採択 7月 米国カリフォルニア州グレンデール市に、ソウルの日本大使館前と同じ「平和の碑」を設置	3月 ILO専門家委員会、日本政府に13度目の勧告 5月 国連社会権規約委員会、「慰安婦」の権利を保障するための措置と、ヘイト・スピーチを防止するための教育を勧告 国連拷問禁止委員会、加害者訴追、否定発言への反駁、事実の徹底調査、補償、教育などを勧告 拷問禁止委員会の日本審査（2013.5.23） 撮影：渡辺美奈

第3章 日本政府の対応と、各国・国際機関の反応

第4章 女性国際戦犯法廷とNHK

　2000年12月、東京で日本軍性奴隷制を裁く女性国際戦犯法廷が開かれました。この「法廷」にはアジア各国から64名の「慰安婦」被害者が参加し、傍聴席は世界中から集まった1000人を超える人々で埋め尽くされました。

　「慰安婦」制度の刑事責任と国家責任を裁いたこの民衆法廷は、歴史に残る画期的な取り組みとして世界中に報道され、その後の戦時性暴力をめぐる国際社会の動きに大きな影響を与えています。ところが日本国内での報道は極めて少なく、政治家によるこの法廷を扱った番組の改変事件まで起こりました。その後、「慰安婦」問題の報道は激減していきます。

　「慰安婦」問題は、つねにその事実を否定する勢力から攻撃を受け、それを支持する政治家やメディアによる暴言・妄言にさらされてきました。これらの動きは、中学の歴史教科書からの「慰安婦」記述の削除や、国公立の平和資料館から日本軍の加害を表す展示の撤去にも重なっています。

　しかし、私たちはこの戦争犯罪の事実を明らかにして、次の世代に語り継いでいく責任があります。どのような逆風を受けても、「慰安婦」被害者への謝罪と賠償を実現し、この問題を解決する努力を続けるしかありません。そのために私たちに何ができるのか、いっしょに考えていきましょう。

アジア各国の日本軍による性暴力被害者のポートレートが来館者を迎えるwamのエントランス。ここには女性国際戦犯法廷の資料がすべて揃っている

女性国際戦犯法廷が開かれた

日本軍性奴隷制を市民が裁く

2000年12月に東京・九段会館で開かれた女性国際戦犯法廷（以下、「法廷」）は、「慰安婦」制度についての日本軍上層部の刑事責任と日本政府の国家責任を裁いた民衆法廷です。戦時性暴力の不処罰を終わらせるために、「戦争犯罪を国家が裁かないなら、グローバルな市民社会が民衆の手で裁こう」と開かれたこの民衆法廷は、国際法を市民の手に取り戻す大きな挑戦でもありました。

東京・九段会館で行われた女性国際戦犯法廷の審理のもよう。右手は判事団、中央に首席検事、左手には各国の検事団が居並んだ　提供：VAWW RAC

被害者が求めた「責任者処罰」

「慰安婦」被害の一部は、戦後のBC級戦犯裁判や東京裁判でも証拠が提出され、判決にも触れられています。しかし、アジア諸国の女性たちの被害は一部に留まり、日本の植民地だった朝鮮・台湾の女性たちの被害は取り上げられていません。何よりも「慰安婦」制度を立案・設置・運営した日本軍と政府高官の法的責任は問われませんでした。

1991年からはじまったアジア各国の被害者による日本政府に謝罪と賠償を求めた民事訴訟では事実認定はされましたが、最高裁判所では請求が棄却されました。韓国の被害女性たちは1994年に「慰安婦」制度の刑事責任を問うために東京地検に告訴状の提出を試みたものの、受理されませんでした。相次ぐ敗訴で悲嘆にくれる高齢の被害者たちを前に、戦争と女性への暴力の問題を調査・支援してきたNGO「VAWW-NETジャパン」代表の松井やよりさんが女性国際戦犯法廷の開催を提案し、賛同を得て準備がはじまりました。

「法廷」を主催した国際実行委員会は、日本と被害国、それ以外の国の女性たちが組織した国際諮問委員会の三者で構成され、判事団や首席検事の選出、法律顧問の人選、「法廷憲章」の起草などの作業が行われました。各国では起訴状作成が急ピッチで進められ、開廷までの2年半あまり、20回以上の国際会議が各国持ち回りで開催されました。

被害国・加害国で構成された国際実行委員会の共同代表。右から尹貞玉（韓国挺身隊問題対策協議会・共同代表）、松井やより（VAWW-NETジャパン代表）、インダイ・サホール（女性の人権アジアセンター代表、フィリピン）
提供：VAWW RAC

画期的な"歴史的事件"となった女性国際戦犯法廷

「法廷」は2000年12月8日から3日間の審理で行われ、8カ国の被害女性64人をはじめ、世界30カ国から連日1200人の傍聴者が参加しました。判事団には旧ユーゴ国際戦犯法廷前所長のガブリエル・カーク・マクドナルド（米国）をはじめとする国際人権法の専門家たちが五大陸から選ばれました。首席検事は、オーストラリアの国際法学者、ウスティニア・ドルゴポルと、旧ユーゴとルワンダの国際刑事法廷ジェンダー犯罪法律顧問のパトリシア・ビサー・セラーズ（米国）がつとめ、冒頭陳述と最終論告を行いました。

次々と証言台に立って凄惨な被害体験を語ったアジア各国の被害女性は、性暴力がいかに女性の尊厳を傷つけ、人生を暗転させるものであるかを明らかにしました。中国の万愛花（ワンアイファ）さんは、証言の途中で突然、フラッシュバックに襲われて気を失いました。朝鮮民主主義人民共和国の朴永心（パクヨンシム）さんは、ホテルに準備されていた浴衣を見たとたんに慰安所を思い出して話ができなくなり、ビデオ証言に切り替えました。法廷は、多くの人が被害女性のPTSDの深刻さを知る場にもなりました。

加害証言をした2人の元日本兵には、感動の拍手が湧きました。各国検事団が提出した公文書を含む膨大な数の文書証拠、専門家証人による天皇の責任や日本の国家責任の論証など、審理過程は厳正で緊張に満ちていました。

韓国の「慰安婦」被害者、姜徳景さんの絵『責任者を処罰せよ』（1995年）。晩年をナヌムの家で暮らした姜さんはそこで絵画を学び、みごとな作品を描き続けた。肺ガン末期の病床からも日本政府批判と責任者の処罰を訴えた
提供：ナヌムの家

「判決」に歓喜した被害女性たち

12月12日には「判決」概要が下され、昭和天皇は「有罪」、日本政府には国家責任ありと言い渡されました。これを聞いた被害女性たちは、「長い間胸にあった重しがやっと取れた」「正義は私たちを見捨てなかった」と壇上に上がって喜びあい、感動を全身で表しました。これらはすべて、世界中にインターネットで生中継されました。海外メディアは95社200人、国内メディアは48社105人が取材にかけつけ世界中の関心を集めました。翌2001年12月にはオランダのハーグで「最終判決」が言い渡され、昭和天皇を含む10名の被告の加害責任と日本の国家責任が認定され、「有罪」が確定しました。

2000年12月12日、「天皇有罪」の判決が下され、歓喜して壇上に上がった各国の被害女性たち（東京・日本青年館）
提供：VAWW RAC

女性国際戦犯法廷がもたらしたもの

被害者の尊厳を取り戻した「法廷」

　2000年12月、被害者として証言台に立ったフィリピンのトマサ・サリノグさんは、「女性国際戦犯法廷は私たちの声に耳を傾け、尊厳を取り戻してくれたはじめての裁判所でした」と述べていますが、これは多くの被害女性たちの実感でした。それと同時に、「法廷」が日本軍性奴隷制と戦時性暴力の実態をジェンダーの視点から明らかにして「責任者処罰」を行ったことは、国際社会やフェミニズムの世界にも大きな影響を与えることになりました。

フィリピンの検事団と、証言台に立った被害女性たち。フィリピンでは、昭和天皇を含む5人の日本軍の責任者を「被告人」として起訴した　提供：VAWW RAC

日本軍の責任者への「有罪判決」

　2001年12月にオランダのハーグで言い渡された最終判決は、英文で265ページに及ぶ膨大なものです。「判決」はまず被害者証言や証拠に基づいて事実認定を行い、「慰安婦」制度がどんなに残虐な性暴力であったかを明らかにしました。そして戦場での強かんと性奴隷制が、戦争当時の奴隷条約、ハーグ条約、ILO（国際労働機関）の強制労働条約、人身売買禁止条約などの諸条約に違反する人道に対する罪だったとしました。

　判事団は全員一致で、昭和天皇以下9名の被告（安藤利吉、畑俊六、板垣征四郎、小林躋造、松井石根、寺内寿一、東条英機、梅津美治郎、山下奉文）の犯罪と個人の責任を問い、「有罪」と認定したのです。彼らには、部下の違法行為について知っていたか、または知るべき立場にあったのに必要な措置をとらなかったという指揮命令責任があったからです。

　日本の国家責任については、戦後、その違反行為に対して賠償や訴追の義務があるにもかかわらず、日本政府がその義務をはたしてこなかった戦後責任も含めて賠償責任を認定しました。さらに日本政府と旧連合国、国連および国際社会には、賠償・真相究明・記憶・教育などを含む「勧告」を行いました。「判決」は日本政府、外務省、宮内庁に渡されましたが、その後、何の回答もありませんでした。

上：「法廷」開催中には、国内外あわせて143社の報道陣に向けて記者会見が9回開かれた　提供：VAWW RAC

左：wamに展示されている「有罪判決」が下りた日本軍の責任者たち。各国が起訴した「被告人」は30名に及んだが、首席検事は10名を起訴。2001年12月のオランダ・ハーグでの最終判決で、10人の被告人の刑事責任が認定された

「天皇裕仁"有罪判決"」を報じるBBC（英国）、東亜日報（韓国）、人民日報（中国）の記事

世界に広がり、評価された「責任者処罰」

　女性国際戦犯法廷は、国連人権委員会特別報告者クマラスワミ報告書（2001年）や、ILO条約適用専門家委員会の所見（2003年）にも引用されました。また戦時性暴力の犯罪性と責任者処罰を国際刑事裁判所（ICC・2003年発足）に先駆けて明確にした点で、世界史的にも意義あることとして評価されてきました。ICC第7条では人道に対する犯罪を、「強かん、性的奴隷、強制売春、強いられた妊娠状態の継続、強制断種その他あらゆる形態の性的暴力であってこれらと同等の重大性を有するもの」と規定していますが、「性的奴隷」は「法廷」が裁いた日本軍「慰安婦」制度が念頭に置かれている、と言われています。

　その後世界各地で、戦時性暴力を裁く民衆法廷の取り組みも広がりをみせています。2010年3月にはグアテマラ内戦（1961～96年）での、先住民族女性への性暴力を裁く民衆法廷が開かれました。これを開催した「戦時下性暴力の被害者から変革の主体へ」プロジェクトは、2000年の「法廷」と並行して行われた国際公聴会で証言台に立ったヨランダ・アギラルさんが提案したものでした。同年にはビルマの女性たちが少数民族に対する性暴力を告発する国際法廷を開催しており、旧ユーゴスラビアやアフガニスタンの女性たちも女性法廷の可能性を模索しています。アジアの被害女性たちの勇気ある行動が、世界の女性たちを動かしています。

2010年3月に開かれたグアテマラの女性法廷。加害者からの報復の危険があったため、被害女性たちは幕の向こうで顔を隠して証言した　提供：日本ラテンアメリカ協力ネットワーク

世界と日本の報道のギャップ

　ところがこうした世界の潮流に対して、日本社会では、その事実を認めない保守派が強く反発しました。「法廷」が天皇の戦争責任を問うという日本社会の"タブー"に踏み込んだことから、右翼勢力の攻撃が強まり、保守派の政治家が暗躍してマスコミや教育界へ圧力をかけるなど、戦争責任を否定して「慰安婦」問題を抹殺しようとする動きが目立つようになりました。

　「法廷」の報道では、海外メディアは連日トップニュースで紙面を大きく割き、「天皇裕仁に有罪判決」や責任者処罰の意義を伝えましたが、国内メディアで見出しに「天皇有罪」を書いた新聞は2紙のみでした。日本のメディアには自己規制が働き、多くの記者が取材に来ても「法廷」を伝える記事は少なく、極めて消極的でした。「世界での常識が、日本人には知らされない」という日本のメディアの「情報鎖国」という現実が浮き彫りになってきました。これは、戦時中の南京大虐殺事件が世界で報じられたのに、日本国内では戦後の東京裁判の時まで隠されていたという、戦争報道の内外ギャップを思い起こさせる、危険で由々しい状況です。

NHK番組改変事件が明らかにしたこと

女性国際戦犯法廷を描いたNHKの番組

2001年1月30日、NHKは「ETV2001」のシリーズ「戦争をどう裁くか」の第2夜「問われる戦時性暴力」で「女性国際戦犯法廷」を取り上げました。「法廷」の審理をドキュメントし、哲学者の高橋哲哉さんと文化人類学者の米山リサさんがスタジオで語り合うというもので、VAWW-NETジャパンは企画意図に同意し全面的に取材協力しました。

ETV2001の放送時間は44分だが、この第2夜『問われる戦時性暴力』は通常より4分短縮して放送された

ところが放送された番組は、企画とはおよそかけ離れた内容で、「法廷」とは何かという基本情報が抜け落ち、一方的に「法廷」を批判し否定したものでした。「被告人」や「判決」、主催団体なども伝えられず、被害証言はごくわずかで、出演者のスタジオ発言は脈絡なくチグハグに編集されていました。

VAWW-NETジャパンはNHKに抗議し、説明を求めましたが、回答は得られませんでした。2人の出演者も申し入れを行い、視聴者による抗議の署名運動も起こりましたが、NHKは無視し続けました。そこでVAWW-NETジャパンは、このような番組が放送された真相を明らかにするために、NHKとNHKエンタープライズ21、番組制作会社のドキュメンタリー・ジャパンを東京地裁に提訴しました。一審判決は番組制作会社に不法行為責任を問うだけでNHKの責任は不問としたため、VAWW-NETジャパンはただちに東京高裁に控訴しました。

放送後、VAWW-NETジャパンはNHKに抗議し、公開質問状を出したが誠実な応答がなかったため、提訴に踏み切った（2001.7.24）提供：VAWW RAC

NHK職員の内部告発で政治介入が明らかに

2005年1月、この番組のデスクだったNHK職員の長井暁さんが、番組には政治家からの圧力があったと告発しました。長井さんは控訴審で、「番組改変の方針は、判決を消す、慰安婦の存在をなるべく消す、日本軍と日本政府の組織的関与を消す、その後の日本政府の責任や対応を消す、女性国際戦犯法廷を肯定する表現を消す……というものだった」と証言しました。また番組のプロデューサーだった永田浩三さんは、「放送数時間前に放送総局長から、東ティモールと中国の被害証言と元兵士の加害証言を削除するよう命じられ、抗議したが聞き入れられなかった」と証言。放送前に政治家に番組の説明に行った松尾武放送総局長と野島直樹総合企画室・国会対策担当局長は、安倍晋三官房副長官（当時）から、「偏向番組はあいならん」と言われたと語り、自民党の複数の議員からも「保守系の議員らが『法廷』を話題に

4年間の沈黙を破って内部告発をした長井暁さん。制作当時は番組デスクだった 提供：VAWW RAC

しているから、きちんと説明できるよう準備しておくように」と示唆されたことを明らかにしました。

2007年1月に出た東京高裁の判決はVAWW-NETジャパンの主張をほぼ認め、番組が政治家たちの意思に沿うよう編集されたことを認定、被告NHKらに200万円の賠償支払いを命じました。「NHKは編集の権限を濫用・逸脱し」「編集権をみずから放棄したに等しい」と指摘、「政治家の発言を必要以上に重く受け止め、（中略）できるだけ当たりさわりのないような番組にすることを考え、直接指示や修正を繰り返して改変が行われた」としたのです。

自民党の安倍晋三議員は「慰安婦」問題を否定してきた『日本の前途と歴史教育を考える若手議員の会』の事務局長をつとめ、メディアを通して「法廷」やVAWW-NETジャパンを中傷する発言を繰り返した

今後に残された大きな課題

ところが、2008年6月の最高裁判決は、東京高裁が認定した事実を無視したお粗末なものでした。政治家の介入という重大問題を、「放送事業者の表現の自由」や「報道内容に対する期待権」などとし、番組の編集はテレビ局の判断であり、被取材者（VAWW-NETジャパン）が番組に期待する権利は原則的には法律で守られない、としました。そして最高裁判決を報じた多くのメディアも、これを「当然の判決」と歓迎しました。被取材者を欺く行為を「報道の自由」とし、報道への政治介入をメディア全体の危機として捉える視点を持ちませんでした。VAWW-NETジャパンは「政治介入を容認し、『編集の自由』と『放送の自律』の侵害を容認した最高裁判決は、女性国際戦犯法廷に正義の実現を求めて参加した被害女性たちの尊厳を冒瀆した」と抗議声明を出しました。

NHK番組改変裁判は原告VAWW-NETジャパンの敗訴で終わりましたが、7年間の裁判を通して明るみに出た事実は、政治家とNHKの癒着という戦慄すべきものでした。2009年4月にBPO（放送倫理・番組向上機構）は意見書を出し、「放送前にNHK幹部が政治家に説明を行うことは、公共放送に最も重要な自主・自律を危うくする行為」と厳しく指摘しました。しかしNHKはあくまでも政治的圧力を否定しています。

この事件はまだ解決したとは言えません。NHKは自らの手でこの問題を検証して、公共放送としての役割をはたさなければなりません。そしてメディアは問題の本質から目を反らさずに、ジャーナリズムの原点にかえって自らを正すべきでしょう。「慰安婦」問題をタブーとして報道の自己規制をしてきたことも、問われ続けています。

最高裁判決を読売新聞社説（上）は「妥当な判決」と評価し、産経新聞は「編集の自由守られた」と報じた（2008.6.13）

第5章 教科書問題と「慰安婦」記述

　1997年度版中学歴史教科書の7社全社に「慰安婦」について記述が掲載されると、「新しい歴史教科書をつくる会」や自民党の議連「日本の前途と歴史教育を考える若手議員の会」など「慰安婦」問題を否定する組織が次々に発足しました。「慰安婦」についての教科書の記述に対する攻撃は日増しに激しくなっていき、2012年度版ではすべての教科書から「慰安婦」という言葉が消え、1社が関連する記述を残すだけとなりました。記述が後退した背景には歴史修正主義者からの攻撃だけではなく、日本における教科書の検定制度や採択制度の仕組みの問題も大きくかかわっています。

　2006年12月、第1次安倍内閣は教育基本法を改定し、愛国心、道徳心、公共の精神などを教育の目標に掲げました。2012年12月に成立した第2次安倍内閣は歴史や伝統への誇りを持てる教育・教科書をめざす「教育再生」を政策課題として挙げ、自民党の「教育再生実行本部」や首相直属の「教育再生実行会議」では、教育委員会制度や教科書検定・採択制度などの改革が提案され、政府見解にそぐわない教育や教科書の内容に介入しようとしています。このような教育制度のもとでは、「慰安婦」制度の実態や、被害を受けた女性たちが戦後、正義を求めて名乗り出て闘い続けた事実を教育の場で学ぶことができなくなってしまいます。

　被害女性たちの「このような被害を二度と繰り返さないためにも、次の世代にこの事実を伝えてほしい」という願いに向き合い、「慰安婦」問題を記憶することの意義をいっしょに考えてみましょう。

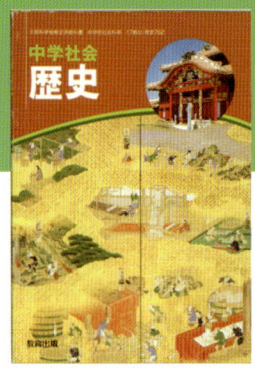

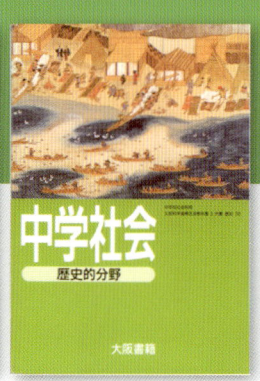

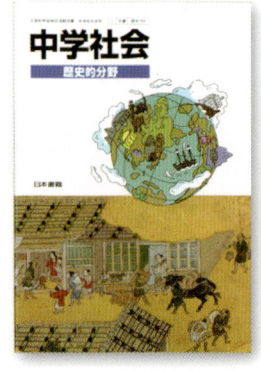

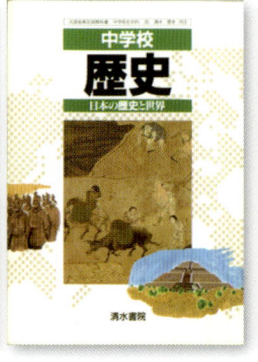

Q 教科書問題って何ですか？

第5章 教科書問題と「慰安婦」記述

教科書検定制度が「加害の記憶」を封じる壁に

　日本における教科書問題の一番の特徴は、国家が教科書を統制してきたことです。1947年に日本国憲法と教育基本法が制定され、1948年から教科書は検定制度に移行しました。同年4月に文部省は教科用図書検定規則を制定。「教科用図書検定の一般的基準」では「平和の精神を害するものとか、真理を歪める点のあるものとか」は、教科書として不適格であると規定していました。

　この検定規則によって中学・高校の歴史教科書の一部に南京大虐殺や日本軍の加害が書かれるようになりましたが、1953年の池田・ロバートソン会談以降、戦後の民主化政策が転換し、教育・教科書政策は大きく変わることになりました。

先進国で国家による検定制度があるのは日本だけ

　日本では、小・中・高等学校の教科書は文部科学大臣の検定に合格しなければ使用できません。教科書会社は4月に原稿本の図書（表紙が白いので白表紙本という）を文科省に検定申請をします。文科省はそれを審査して修正や削除の検定意見をつけます。検定意見は強制力があり、従わなければ不合格になるため、教科書会社は35日で修正をしなければなりません。

　このように原稿の段階で文部科学省が教科書の内容に介入するのは憲法が禁ずる検閲にあたるとして、裁判でも争われてきました。サミットに集まるような先進資本主義国でこのような国家検定制度があるのは日本だけです。

教科書検定から採択まで

- **教科書執筆**
  ▼ 出版社ごとに執筆者（学者や教師）が内容や編集方針を議論し、執筆
- **検定申請**
  ▼ 原稿本を文部科学省に検定申請
- **審査**
  ▼ 教科用図書検定調査審議会が、教科用図書検定基準に基づいて審査
- **検定意見を出版社に伝達**
  ▼
- **検定合否決定**
  ▼ 出版社は修正を行い、文部科学省が検定の合否を決定
- **展示・閲覧**
  ▼ 文部科学省の検定に合格した教科書を、市町村・地域で展示・閲覧
- **採択**
  ▼ 公立小・中学校は地元の教育委員会が、国・私立学校は各学校で採択
- **生徒・児童の手に**

32年に及ぶ教科書検定訴訟

　歴史学者の家永三郎氏は1965年と67年に、教科書検定訴訟を起こしました。第二次訴訟の東京地裁判決は、日本史教科書への検定は違憲・違法という家永氏の全面勝訴（1970.7「杉本判決」）でした。これにより南京大虐殺をはじめ侵略・加害の記述が少しずつ増えていきました。

　しかし、1980年に教科書攻撃が強まる中で、文部省は81年度検定で「侵略」を「進出」にするなど、検定を強化します。それに対してアジア諸国の批判が強まり、政府は「近隣諸国条項」を発表。加害の記述が少しずつ書かれるようになりました。

　1984年1月に提訴した家永氏の第三次訴訟は、最高裁で南京大虐殺（記述修正）、731部隊（削除）、南京事件における強かん（削除）など4つの検定を違法とする判決が出され（1997.8.29）、32年にわたる裁判の幕が下ろされました。

家永裁判で勝訴判決（1970.7.17）。家永氏は判決について「裁判官は、みごとに司法権の独立を守り抜いた」と、喜びを語った

まずは教科書採択制度の改善を

　1950年代後半から1960年代前半は文部省の行政指導で、制度的には学校ごとの採択でありながら、地域で同じ教科書を使用する事実上の広域採択状況が作られていきました。1963年に制定された教科書無償措置法により1964年には教員から採択権が奪われ、学校ごとの採択が廃止され、広域（共同）採択制度に移行しました。この採択制度は今日まで続いています。

　現在、文科省は、採択権は教育委員会にあると主張していますが、採択権限を決めた法律はありません。教育基本法は「教育は不当な支配に服することなく」と規定し、学校教育法は「教諭は、児童の教育をつかさどる」と定めています。さらに、ユネスコ・ILOの共同勧告も「教員は…教科書の選択ならびに教育方法の適用について、不可欠の役割を与えられるべきである」としています。何よりも実際に教えている教員が採択するのが最もふさわしいといえます。

「つくる会」教科書は「NO！」と、うちわを手に声を上げる杉並区民（2005.8.25東京都杉並区役所前にて）提供：杉並の教育を考えるみんなの会

教科書攻撃と「慰安婦」記述の変遷

教科書・「慰安婦」をめぐる政策	年	教科書記述の変遷	年	教科書攻撃と市民の闘い
日本国憲法・教育基本法・学校教育法制定	1947			
教科書検定制度に移行	1948			
池田・ロバートソン会談(10.25) 　再軍備・改憲・愛国心教育の覚書を交わす	1953		1953	教育への反動化(逆コース)が始まる
民主党がパンフレット「うれうべき教科書の問題」を発行 自由民主党誕生(11.15)	1955		1955	第一次教科書攻撃始まる 社会科教科書を「偏向」とする攻撃が始まる
文部省令で教科書調査官制度導入・検定強化 57年度版教科書検定	1956	小学校社会科教科書8社不合格	1956	教科書の国家統制始まる 著者は執筆を断念し、編集者は教科書会社からパージされる
58年度版教科書検定	1957	検定教科書の33%不合格		
文部省、教科書採択権は教育委員会と通達 教科書無償措置法制定 広域採択制度に移行	1962		1962	広域採択制度により国家統制が可能になる 不当な教科書検定と32年にわたって闘った家永三郎氏 提供：子どもと教科書全国ネット21
教員の採択権奪われ、学校ごとの採択廃止	1964			
			1965	家永三郎氏、第一次教科書裁判提訴(6.12) 「教科書検定訴訟を支援する全国連絡会」結成(10月)
			1967	家永三郎氏、第二次教科書裁判提訴(6.23)
		家永裁判判決以後、侵略・加害の記述増える	1970	家永第二次訴訟地裁勝訴判決（杉本判決）(7.17) 家永教科書への検定は違法・違憲と判決
	1970			
			1975	家永第二次訴訟高裁判決（畦上判決）(12.20)
文部省、検定強化	1981	検定意見で、 「侵略」→「進出」「侵入」「侵攻」 「弾圧」→「鎮圧」 「収奪」→「譲渡」 「反日抵抗運動」→「暴動」 になる	1980	第二次教科書攻撃始まる(自民党・民社党、財界、右翼学者、勝共連合も加わる) 中国や韓国などアジア諸国から反発
				市民1万人武道館集会(11.13)、800万筆署名運動
宮澤喜一官房長官談話(8.26) 　「二度と繰り返してはならない反省と決意を、検定でも尊重する」 検定基準に「近隣諸国条項」追加(11.24)	1982	「近隣のアジア諸国との間の近現代の歴史的事象の扱いに国際理解と国際協調の見地から必要な配慮がされていること」 (小中高教科用図書検定基準)	1981	
			1984	家永三郎氏、第三次教科書裁判提訴(1.19)
「従軍慰安婦は民間業者が連れ歩いた」と政府答弁(6.6)	1990		1990	韓国挺身隊問題対策協議会発足
92年度版小学校教科書検定公開(6.30) 　教科書全社に、「南京大虐殺」が記述されたことが判明	1991		1991	金学順さん、「慰安婦」被害を名乗り出て日本政府を提訴。各国に波及する 「慰安婦」問題解決を求める国際世論高まる
訪韓の宮澤首相、「慰安婦」問題でお詫びと反省(1月) 加藤官房長官談話発表(7月) 　「慰安婦」問題の第一次調査結果を発表し、軍関与を認める	1992	小学校教科書全社に「南京大虐殺」が記述される	1992	吉見義明氏、「慰安婦」の軍関与資料発見(1月) 第1回アジア連帯会議(8月) 　以降、2012年まで11回行われる
河野洋平内閣官房長官談話発表(8.4) 　「慰安婦」問題の第二次調査結果を発表し、強制を認めて謝罪 細川連立政権発足(8.5) 細川護熙首相「先の戦争は侵略戦争」と発言(8.10) 文部省、94年度版高校教科書検定を公開(6.30)	1993		1993	高嶋伸欣氏、「検定は違法」と提訴(横浜教科書訴訟、6.11) 「歴史・検討委員会」(委員長：山中貞則)、細川首相の「侵略戦争発言」に反発して発足(8月) 家永第三次訴訟高裁判決(川上判決)(10.20) 　南京大虐殺の修正や、南京における強かんの削除等の検定は違法と判決
永野茂門法務大臣「南京大虐殺はデッチアゲ」と発言(5.5) 村山政権発足(6.30)	1994	高校日本史教科書全社に「従軍慰安婦」が記述される	1994	「終戦50年国会議員連盟」、謝罪決議に反対
「女性のためのアジア平和国民基金」設立(7月) 村山富市首相・戦後50年談話発表(8.15) 　侵略や植民地支配について謝罪する	1995		1995	「正しい歴史を伝える国会議員連盟」(会長：小沢辰男) 歴史・検討委員会「大東亜戦争の総括」 「慰安婦」・南京大虐殺・侵略は嘘。教科書に書くべきでないと総括して解散
奥野誠亮「慰安婦は商行為」と発言(6.4) 文部省、97年度版中学教科書検定を公開(6.27) 中学歴史教科書7社全社に「慰安婦」が記述されていることが判明 初めて「慰安婦」問題が記述された中学歴史教科書(7社)	1996		1996	第三次教科書攻撃始まる 「慰安婦」「南京虐殺」の記述攻撃 自民党「教科書検定問題に関する検討小委員会」(7.26) 自由主義史観研究会「従軍慰安婦」削除要求の緊急アピール(8月) 明るい日本・国会議員連盟(会長：奥野誠亮) 　従軍慰安婦・南京大虐殺削除要求の方針を打ち出す 岡山県議会を皮切り(12.19)に「慰安婦」記述削除の陳情続く

第5章 教科書問題と「慰安婦」記述

教科書・「慰安婦」をめぐる政策	年	教科書記述の変遷	年	教科書攻撃と市民の闘い
梶山静六官房長官「公娼制度を教えず慰安婦問題だけを教えるのはおかしい」と教科書批判(1.24)	1997	中学歴史教科書全社に「慰安婦」の記述、初めて「戦後補償」の記述登場 家永裁判の最高裁判決は、高裁で違法が確定した南京大虐殺「南京戦における婦女暴行」「草莽隊」に加えて、731部隊の検定も違法と認めた(1997.8.29) 提供:子どもと教科書全国ネット21	1997	「慰安婦」攻撃激化 「新しい歴史教科書をつくる会」発足(1.30) 「日本の前途と歴史教育を考える若手議員の会」発足 (会長:中川昭一、事務局長:安倍晋三)(2.27) 「歴史は消せない・女たちは黙らない」緊急集会(3.20) 「日本会議国会議員懇談会」発足(会長:島村宜伸)(5.29) 「日本会議」発足〔会長:塚本幸一ワコール会長〕(5.30) 家永第三次訴訟最高裁判決(8.29) 　南京大虐殺・731部隊・強かん等の検定は違法と判決 東京で「戦争と女性への暴力」国際会議(10.31～11.2)
町村文相、歴史教科書はバランスに欠けるので検定前の是正、採決を通じた是正を検討中と国会で答弁(6.8) 中川昭一農水相「慰安婦問題を教科書に載せるのは疑問」(7.31)	1998	教科書の「慰安婦」記述攻撃が激化するなか、女性たちは「ゴーマン史観大論破」緊急集会を開催。会場のウィメンズプラザは女性たちで溢れた(1997.3.20) 撮影:西野瑠美子	1998	自民党「教科書問題小委員会」設置(「慰安婦」記述を問題) 「子どもと教科書全国ネット21」結成(6.13) 高嶋伸欣教科書裁判・横浜地裁判決 教科書検定に違法な誤りがあると認定
			1999	「若手議員の会」教科書採択制度の要望書提出 学校票廃止などを求める攻撃激化
「つくる会」歴史・公民教科書検定申請(4.13) (西尾幹二・小林よしのり・藤岡信勝ら執筆) 文科省、「教育委員会の権限と責任で採択せよ」と通知(9月) 森喜朗首相「日本は天皇を中心とする神の国」(5.15)	2000	東京書籍と教育出版が「従軍」削除、「従軍慰安婦」を「慰安婦」に(11月)	2000	毎日新聞、執筆者に政府関係者が圧力と報道 「学校票方式」廃止を求める県議会陳情相次ぐ 女性国際戦犯法廷(12.8~12)
「つくる会」扶桑社教科書、検定通過(4.3) 文科省、02年度版中学教科書の検定公開 　4社から「慰安婦」記述がなくなったことが判明	2001	「つくる会」教科書採択を阻止するため、アジア各地から集まった人々が文部省を人間の鎖で取り囲んだ(2001.4) 提供:子どもと教科書全国ネット21	2001	NHK番組が政治圧力を背景に改ざんされ放送 全国各地で「つくる会」教科書採択阻止の闘い 文部省を「人間の鎖」で取り囲む
文科省通知「採択権者は警察などと連携して対応を」 扶桑社の歴史と公民教科書	2002	中学歴史教科書の「慰安婦」記述、8社中3社になる	2002	女性国際戦犯法廷、ハーグで判決法廷(12.4) 　日本政府への勧告に、「あらゆるレベルの教科書に意味ある記述を行い…」と盛り込まれる
中山文科相「慰安婦・強制連行という言葉が減って良かった」(11.27) 麻生太郎自民党政調会長「創氏改名は朝鮮人が求めた」と発言(5.31)	2003			
中学校教科書検定申請 教育基本法改悪の動き激化	2004		2004	教科書改善連絡協議会（三浦朱門顧問、石井公一郎会長） 「近隣諸国条項」の削除を求める決議を採択(3.30)
「つくる会」扶桑社教科書、検定通過 文科省、06年度版中学教科書検定を公開(4.5)	2005		2005	日中韓三国共通歴史副教材・同時発行
改悪教育基本法(愛国心強化)施行(12.22) 　愛国心・道徳心・公共の精神などを教育の目標に据える	2006	中学歴史教科書の本文から「慰安婦」の言葉消える	2006	全国各地で教育基本法改悪反対の闘い 安倍首相の訪米に際しホワイトハウス前で抗議する李容洙さん(しんぶん赤旗 2007.4.26)
安倍首相答弁「軍の強制はなかった」と発言(3.1) 幼稚園、小学校、中学校の新学習指導要領告示(3.28)	2007	高校歴史教科書検定で沖縄の「集団自決」の日本軍による強制を示す表現が修正・削除される	2007	NHK番組改変事件高裁判決勝訴(1.27) アメリカ下院決議への支持増え、 安倍首相発言への国際批判強まる 沖縄県宜野湾市で「教科書検定意見撤回を求める県民大会」(9.29)
教科用図書検定調査審議会の作業部会、検定制度見直しの最終報告(12.11) 　国家権力による統制が強められる	2008		2008	NHK番組改変事件最高裁で敗訴(6.12) 大江健三郎・岩波書店沖縄戦裁判、大阪高等裁判所で判決、大江・岩波側が勝訴(10.31) 　2011年4月、最高裁で勝訴確定
「義務教育諸学校教科用図書検定基準」(新検定制度)施行(4.1)	2009		2009	新学習指導要領と検定制度改悪反対の運動広がる
	2010		2010	国立歴史民俗博物館、常設展示室「現代」をオープン(3.16) 「集団自決」の日本軍の強制・命令は記述されず
中学公民教科書に東京書籍を採択した沖縄県八重山地区竹富町に対し、衆議院文部科学委員会で中川正春文部科学相が「竹富町は無償給付の対象とならない」と発言(10.26)	2011		2011	韓国ソウルの水曜デモが1000回を迎える(12.14)
中学校の新学習指導要領全面実施 政治家による侵略戦争否定・「慰安婦」否定発言相次ぐ	2012	中学歴史教科書から「慰安婦」の言葉がすべて消える	2012	仲井眞弘多沖縄県知事、那覇市首里の第32軍司令部壕の説明板から「慰安婦」、「住民虐殺」を削除(3月23日に設置)
安倍政権、「教育再生実行会議」発足(1.24) 自民党教育再生実行本部、「教科法」制定について中間まとめ報告を首相に提言(6.25)	2013		2013	編集方針などについて聞くとして、自民党が特定の教科書会社社長や編集責任者を党本部に呼び出す(5.28) 東京都教育委員会、特定の高校歴史教科書を採択しないように都立高等学校等に周知するとの見解を議決(6.27)

教科書から消されていく「慰安婦」記述

　1991年に被害者が名乗り出たことをきっかけに日本政府は不十分ながら調査を行い、93年には「慰安婦」の強制性を認め、「永く記憶していく」決意を表明しました。それを受けて97年度版中学歴史教科書全社に「慰安婦」が記述されましたが、「新しい歴史教科書をつくる会」など歴史修正主義者の攻撃が激化し、2002年度版に記述を残したのは3社。2006年度版の教科書本文からは「慰安婦」という言葉が消え、関連記述を残したのは2社、2012年度版では関連記述が1社のみとなりました。

出版社名	93年度版	97年度版	2002年度版	2006年度版	2012年度版
教育出版	記述なし	①また、多くの朝鮮人女性なども、慰安婦として戦地に送り出された。（「戦争と国民生活」）②そこには、元慰安婦、虐殺や強制連行・強制労働の被害者などがふくまれている。（「戦後補償問題のゆくえ」）③1994年現在、上の写真の元慰安婦のほか、強制連行・強制労働させられた人々、軍票によって被害を受けた人々などから、20数件の戦後補償を求める裁判が起こされている。（「アジアの中の日本」）④写真の説明：補償を求める韓国の元慰安婦と、これを支援する日本の市民グループ	記述なし　※検定申請図書には「慰安婦」に関連した「さらに、多くの朝鮮人女性なども、戦地に送り出された」という記述があったが、検定によって「さらに、多くの朝鮮人女性なども工場などに送り出された」に修正させられた。	記述なし	記述なし
東京書籍	記述なし	①従軍慰安婦として強制的に戦場に送りだされた若い女性も多数いた。（「戦争の長期化と中国・朝鮮」）	記述なし	記述なし	①こうした動員は女性にもおよび、戦地で働かされた人もいました。（「植民地と占領地」）
大阪書籍 ※2009年から「日本文教出版」に版権を譲渡	記述なし	①また、朝鮮などの若い女性たちを慰安婦として戦場に連行しています。（「戦争と民衆」）②従軍慰安婦や強制連行、日本軍に動員された台湾の人々、国籍による戦後補償の差別などが大きな問題となっています。（「戦後補償問題」）③写真の説明：日本政府に戦後補償を求めて、デモ行進する韓国の元従軍慰安婦の人々（1994年、東京）	記述なし	記述なし	※発行なし
日本文教出版	記述なし	①慰安婦として戦場の軍に随行させられた女性もいた。（「戦時下の国民生活」）	記述なし	記述なし	記述なし
日本書籍新社 ※2002年度までは「日本書籍」	記述なし	①また、女性を慰安婦として従軍させ、ひどいあつかいをした。（「戦時下の国民生活 ぜいたくは敵だ」）	①また、朝鮮などアジアの各地で若い女性が強制的に集められ、日本兵の慰安婦として戦場に送られました。（「まぼろしの大東亜共栄圏」）②これにもとづいて、強制連行された人たち、元慰安婦の女性や南京事件の犠牲者たちが、日本政府による謝罪と補償を求めて、次々に裁判を起こしています。（「日本の戦後処理」）③写真の説明：金学順さんのうったえ　日本政府に謝罪と賠償を求めて裁判を起こした金学順さん。（1991年）	①また、軍の要請によって、日本軍兵士のために朝鮮などアジアの各地から若い女性が集められ、戦場に送られました。（「まぼろしの大東亜共栄圏」）②写真の説明：韓国の「太平洋戦争犠牲者遺族会」の日本政府への訴訟を報道する新聞（朝日新聞1991年12月6日）掲載された新聞記事の写真の見出しに「元従軍慰安婦ら35人」	※発行なし
帝国書院	記述なし	①これらの地域の出身者のなかには、慰安婦だった人々、…などがいます。（「いまも残る戦争の傷あと」）②戦争にも、男性は兵士に、女性は慰安婦などにかり出し、耐えがたい苦しみをあたえました。（「朝鮮人への皇民化政策」）	①戦時中、慰安施設へ送られた女性や、…などの補償問題が裁判の場にもちこまれるようになりました。（「戦後補償と近隣諸国」の注）	戦時中、慰安施設へ送られた女性や、日本軍人として徴兵された韓国・台湾の男性などの戦後補償問題が裁判の場にもち込まれるようになりました。（「戦後処理と近隣諸国」の注）	記述なし
清水書院	記述なし	①また、朝鮮や台湾などの女性のなかには戦地の慰安施設で働かされた者もあった。（「朝鮮人と中国人・台湾人の強制連行」）	①また、戦地の非人道的な慰安施設には、日本人だけでなく、朝鮮や台湾などの女性もいた。（「戦争と民衆」）	記述なし	記述なし
扶桑社 ※2012年度からは「育鵬社」*1	※発行なし	※発行なし	記述なし	記述なし	記述なし
自由社 *2	※—	※—	※—	※—	2010年度版*3　記述なし

※ 教科書の表紙は1997年度版

*1　教科書制作のために扶桑社が100％出資して2007年8月に設立された子会社。「教科書改善の会」「教育再生機構」などが執筆支援等を行っている。
*2　「新しい歴史教科書をつくる会」の内紛後、同会に残った藤岡信勝会長（当時）らが出版元として新たに提携した出版社。扶桑社版教科書とほぼ同内容のものを2010年度版として出版、検定合格。
*3　2012年度から「新学習指導要領」が全面的に実施されるため、本来新たな教科書が使用開始となる2010年度には、各社、検定を経ずに2006年度版を再度用いることができた。2006年に発行のなかった自由社は、2009年度に検定申請を行った。

関連書籍・ビデオ・DVD

書籍

『マリヤの賛歌』　城田すず子/かにた出版部/ 1971年

『武漢兵站』　山田清吉/図書出版社/ 1978年

『漢口慰安所』　長沢健一/図書出版社/ 1983年

『従軍慰安婦資料集』　吉見義明 編集・解説/大月書店/ 1992年

『上海より上海へ』　麻生徹男/石風社/ 1993年

『従軍慰安婦』　吉見義明著/岩波新書/ 1995年

『共同研究 日本軍慰安婦』　吉見義明・林博史編集/大月書店/ 1997年

『ドキュメント「慰安婦」問題と教科書攻撃』　俵義文著/高文研/ 1997年

『政府調査「従軍慰安婦」関係資料集成』①～⑤
　女性のためのアジア平和国民基金編/龍渓書舎/ 1997～8年

『「慰安婦」問題とアジア女性基金』
　女性のためのアジア平和国民基金/東信堂/ 1998年

『語り継ぐ家永教科書裁判』
　教科書検定訴訟を支援する東京都連絡会/平和文化/ 1998年

『日本軍性奴隷制を裁く2000年女性国際戦犯法廷の全記録』vol.1～6
　VAWW-NETジャパン編/緑風出版/ 2000～2年

『BC級戦犯裁判』　林博史著/岩波新書/ 2005年

『新版　私の従軍中国戦線 村瀬守保写真集＜兵士が写した戦場の記録＞』
　村瀬守保/日本機関紙出版センター/ 2005年

『証言 未来への記憶：アジア「慰安婦」証言集Ⅰ・Ⅱ　南・北・在日コリア編 上・下』
　アクティブ・ミュージアム「女たちの戦争と平和資料館」編/西野瑠美子・金富子責任編集/明石書店/ 2006年、2010年

『消された裁き』　VAWW-NETジャパン編/西野瑠美子・金富子責任編集/凱風社/ 2005年

『ここまでわかった！　日本軍「慰安婦」制度』
　アクティブ・ミュージアム「女たちの戦争と平和資料館」・日本の戦争責任資料センター編/かもがわ出版/ 2007年

『「慰安婦」強制連行 [資料]オランダ軍法会議資料×[ルポ]私は"日本鬼子"の子』
　梶村太一郎・村岡崇光・糟谷廣一郎著/金曜日/ 2008年

『フィールドワーク日本軍「慰安婦」　学び・調べ・考えよう』
　アクティブ・ミュージアム「女たちの戦争と平和資料館」編/平和文化/ 2008年

『歴史と責任　「慰安婦」問題と1990年代』
　金富子・中野敏男編著/青弓社/ 2008年

『戦場の宮古島と「慰安所」12のことばが刻む「女たちへ」』
　日韓共同「日本軍慰安所」宮古島調査団著/ホン・ユンシン編/なんよう文庫/ 2009年

『暴かれた真実　NHK番組改ざん事件～女性国際戦犯法廷と政治介入』
　VAWW-NETジャパン編/現代書館/ 2010年

『日本軍「慰安婦」制度とは何か』　吉見義明著/岩波ブックレット/ 2010年

『戦犯裁判の研究　戦犯裁判政策の形成から東京裁判・BC級裁判まで』
　林博史著/勉誠出版/ 2009年

『女性国際戦犯法廷　NHK番組改変裁判記録集』
　VAWW-NETジャパン・NHK番組改変裁判弁護団編/日本評論社/ 2010年

『司法が認定した日本軍「慰安婦」』
　坪川宏子・大森典子編著/かもがわブックレット/ 2011年

『女性国際戦犯法廷から10年・国際シンポジウム報告集　「法廷」は何を裁き、何が変わったか　性暴力・民族差別・植民地主義』
　女性国際戦犯法廷10周年実行委員会編/女性国際戦犯法廷10周年実行委員会/ 2011年

『東京裁判―性暴力関係資料』　吉見義明監修/現代史料出版/ 2011年

『20年間の水曜日　日本軍「慰安婦」ハルモニが叫ぶゆるぎない希望』
　尹美香/梁澄子訳/東方出版/ 2011年

『「村山・河野談話」見直しの錯誤　歴史認識と「慰安婦」問題をめぐって』
　林博史・俵義文・渡辺美奈著/かもがわ出版/ 2013年

『「慰安婦」バッシングを越えて　「河野談話」と日本の責任』
　「戦争と女性への暴力」リサーチ・アクションセンター/大月書店/ 2013年　　他多数

関連ビデオ＆DVD

『ひとりでもやるっきゃ　在日の元慰安婦・宋神道さんの証言』
　在日の慰安婦裁判を支える会/ 1993年/ 25分

『生きている間に語りたかった』
　ビデオプレス/ 1993年/ 40分

『私たちは忘れない　追悼・姜徳景ハルモニ』
　ビデオ塾/ 1997年/ 16分(日本語版と英語版)

『ひとつの史実　海南島「慰安婦」の証言』
　符祝慧/ 1998年/ 14分/ビデオ塾(日本語版と中国語版)

『ビルマの日本軍「慰安婦」1997年5月　2000年現地調査の記録』
　森川万智子/ 2000年/ 40分

『マレーシアの元「慰安婦」ロザリンの証言』
　徳永理彩/ 2000年/ 9分/ビデオ塾(日本語版と英語版)

『中国・武漢に生きる元朝鮮人「慰安婦」河床淑の証言』
　須田馨・瀬山紀子/ 2000年/ 10分/ビデオ塾

『写真に記録された「慰安婦」朝鮮民主主義人民共和国　朴永心の証言』
　青野恵美子/ 2000年/ 20分/ビデオ塾

『沈黙の歴史をやぶって　女性国際戦犯法廷の記録』
　ビデオ塾/ 2001年/ 64分(日本語版と英語版)

『日本の「慰安婦」問題』
　ビデオ塾/ 2001年/ 12分(日本語版と英語版)

『ハーグ最終判決　女性国際戦犯法廷』
　ビデオ塾/ 2002年/ 33分(日本語版と英語版)

『大娘たちの戦争は終わらない　中国山西省・黄土の村の性暴力』
　池田恵理子/ 2004年/ 58分/ビデオ塾(日本語版と中国語版)

『オレの心は負けてない』
　安海龍/ 2007年/ 95分/在日の慰安婦裁判を支える会

『終わらない戦争』
　金東元/ 2008年/ 60分/「終わらない戦争」日本語版製作委員会

『大娘たちの闘いは続く　中国・性暴力パネル展のあゆみ』
　池田恵理子/ 2013年/ 29分/ビデオ塾

wamの特別展カタログ

『女性国際戦犯法廷のすべて』(wamカタログ1) 2006年/ 2000円

『置き去りにされた朝鮮人「慰安婦」』
　(wamカタログ2) 2006年/ 1500円　＊完売

『松井やより全仕事』(wamカタログ3) 2006年/ 1500円

『東ティモール・戦争を生きぬいた女たち　日本軍とインドネシア支配の下で』
　(wamカタログ4) 2007年/ 1500円

『中学生のための「慰安婦」展』
　(wamカタログ5) 2007年(初版)、2010年(増補版) / 1800円

『ある日、日本軍がやってきた　中国・戦場での強かんと慰安所』
　(wamカタログ6) 2008年/ 1800円

『証言と沈黙　加害に向き合う元兵士たち』
　(wamカタログ7) 2010年/ 1500円

『女性国際戦犯法廷から10年　女たちの声が世界を変える』
　(wamミニカタログ8) 2010年/ 300円

『フィリピン・立ち上がるロラたち　日本軍に踏みにじられた島々から』
　(wamカタログ9) 2011年/ 1500円

『軍隊は女性を守らない　沖縄の日本軍慰安所と米軍の性暴力』
　(wamカタログ10) 2012年/ 1800円

wamブックレット

『戦時性暴力をなぜ記録するのか』(wam-book 1) 2005年/ 1000円　＊完売

編著者紹介

アクティブ・ミュージアム「女たちの戦争と平和資料館」(wam)

　wamは、日本軍「慰安婦」制度をはじめとする、戦時性暴力の被害と加害を記憶する資料館です。女性国際戦犯法廷を発案し、実現に奔走した松井やよりさんの遺志を受け継ぎ、ジェンダー正義の視点から、戦時性暴力の加害と被害の実態に焦点をあて、平和と非暴力の活動の拠点となり、国境を越えた草の根の連帯活動を行うことを目指して、2005年8月にオープンしました。wamは2007年にパックス・クリスティ平和賞、2013年に日本平和学会第4回平和賞を受賞しました。wamの活動を通して、多くの皆さんが被害女性たち一人ひとりの存在と人生に出会い、戦時性暴力の実態と加害責任に向き合ってくれることを願っています。一日も早く被害者の正義が実現され、戦争や女性への暴力のない社会を築くために、ともに行動していきましょう。

- **開館時間**　金・土・日・月　13:00～18:00
  - ＊2月11日、2月23日、4月29日、11月3日は「祝わない」ため開館
- **休館日**　火・水・木・祝日（天皇制由来の上記4日を除く）
  - 年末年始、展示入替期間
- **入館料**　18歳以上 500円　18歳未満 300円　小学生以下無料
  - ＊障がいのある方の付添いは無料

- **会員になりませんか？**
  - 友の会年会費：3,000円　　維持会員年会費：10,000円
  - 会員にはイベント案内などを逐次お知らせします。
  - 維持会員は入館無料、wam刊行物割引もあります。
  - 郵便振替口座番号：00110-2-579814
  - 口座名称：「女たちの戦争と平和人権基金」係

〒169-0051 東京都新宿区西早稲田2-3-18 AVACOビル2F
TEL 03-3202-4633　FAX 03-3202-4634
wam@wam-peace.org　　https://wam-peace.org

● 本書制作にあたり、たくさんの方のご協力をいただきました。ご厚意に心より感謝申し上げます。資料掲載につきましては、著作者の了承を得るよう努力しましたが、経年により連絡不可能な方がいらっしゃいました。本書をご覧になり、お気づきの方は、お手数ですが合同出版までご一報いただければ幸いです。

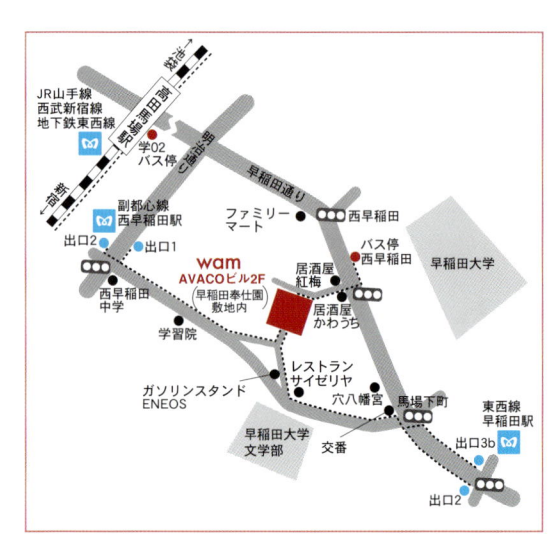

【交通案内】
- JR山手線・西武新宿線 高田馬場駅 早稲田口から徒歩20分
- 高田馬場駅 早稲田口からバス10分
  「学02 早大正門行き」で「西早稲田」下車徒歩2分
- 東京メトロ東西線 早稲田駅 出口3b・出口2から徒歩5分
- 東京メトロ副都心線西早稲田駅 出口1・出口2から徒歩10分

取材協力　坂井泉（GALLAP）
本文デザイン　タナカリカコ（TR.デザインルーム）
カバーデザイン　守谷義明＋六月舎

日本軍「慰安婦」問題　すべての疑問に答えます。

2013年11月5日　第1刷発行
2024年6月25日　第4刷発行

- **編著者**　アクティブ・ミュージアム「女たちの戦争と平和資料館」(wam)
- **発行者**　坂上美樹
- **発行所**　合同出版株式会社
  - 東京都小金井市関野町1-6-10
  - 郵便番号 184-0001
  - 電話042（401）2930　FAX042（401）2931
  - URL:http://www.godo-shuppan.co.jp/
  - 振替 00180-9-65422
- **印刷・製本**　株式会社シナノ

■刊行図書リストを無料送呈いたします。
■落丁乱丁の際はお取り換えいたします。

本書を無断で複写・転訳載することは、法律で認められている場合を除き、著作権および出版社の権利の侵害になりますので、その場合にはあらかじめ小社あてに許諾を求めてください。

ISBN978-4-7726-1143-5　NDC302　297×210
© アクティブ・ミュージアム「女たちの戦争と平和資料館」(wam), 2013